魔幻拉美

II

平凡中的絢麗生命

陳小雀──著

Te saludo en lengua
Cantó el leopard

目錄

四、女人與勇氣

五、珍饈與佳餚

六、美酒與飲品

七、美麗與孤寂

自序

攤開美洲地圖，美國以南的拉丁美洲世界散發出魔幻氛圍，無論社會結構、抑或文化傳統，與美國迥然不同。對於美國，國人相當熟悉，雖然不一定完全瞭解美國的文化內涵，但在政治觀點、國際關係決策上，無不遵守美國政策。相較之下，拉丁美洲似乎鮮少引起共鳴，幾個誤用名詞、幾個知名人物、幾樁新聞事件，大概就是我們所知道的拉丁美洲！

「拉丁美洲」這個名詞，係在美墨戰爭（1846-1848）之後才出現。常有人以為，拿破崙三世（Napoleón III，1808-1873）創造了這個詞，讓法蘭西第二帝國以「泛拉丁主義」為由，藉機重返新大陸。事實上，「拉丁美洲」一詞，是當時西語美洲知識分子在獨立之際追求文化認同時的反思，其中以智利哲學家畢爾包（Francisco Bilbao，1823-1865）為代表。由於畢爾包成立「平等社會」（Sociedad de la Igualdad）社團，引起政府的不滿而被迫流亡，在流亡歐洲期間，意識到西語美洲必需團結一致才能在國際上立足，於是，畢爾包於一八五六年首次在巴黎發表「拉丁美洲」一詞，對照「盎格魯撒克遜美洲」的強大，呼籲西語美洲不應再分裂。

對臺灣讀者而言，拉丁美洲不僅距離上十分遙遠，精神上更是遙不可及。在臺灣，大家習慣以「中、南美洲」來稱呼「拉丁美洲」，但是，「中、南美洲」一詞並不正確。地理上，以巴拿馬地峽為界，美洲分為「北美洲」及「南美洲」；其中，北美洲亦可再分出中美洲，即今日的瓜地馬拉、宏都拉斯、薩爾瓦多、哥斯大黎加、尼加拉瓜、貝里斯，並擴及加勒比海地區（El Caribe）。然而，墨西哥應歸北美洲，卻常被誤以為是中美洲。的確，一張模糊的時空地圖，再加上幾樁喧嘩的新聞事件，我們對拉丁美洲不僅知之甚少，甚至頗有偏見。

一個大陸、兩個世界，美洲分為「盎格魯撒克遜美洲」與「拉丁美洲」，兩者壁壘分明，對比鮮明。「拉丁美洲」象徵絢麗、繽紛、精采，同時又代表混亂、動盪、貧窮，就如同魔幻寫實作家筆下的情節一般，既神奇又悲慘。除了非洲那個被大國丟棄的戰略棋盤之外，世上還有哪一個地方如拉丁美洲一般充滿矛盾荒謬？

地理上，拉丁美洲北起美、墨邊界，南至火地群島（Tierra del Fuego）。在這廣袤區域內，地形多貌複雜：荒漠莽原、砂岩礫土、崇山峻嶺、沼澤雨林、冰川雪簷……各種奇觀異景，莫不具備。時間上，跨越數千年歷史，追溯至前哥倫布文明，含括西、葡等國三百年的拓殖，以及兩百餘年的獨立建國史。如此繁複多樣的時空元素，交織出一張迷人的人文地圖。只是，這張迷人的人文地圖在世界歷史中往往被忽略，以致外界以為她在「孤寂」中悄悄發展。

從亙古到現代，拉丁美洲儼然奇幻世界，令人驚呼連連！

這裡，是數學及天文學家的搖籃，馬雅人算出一串數字，讓今日的我們以為末日預言而騷動。這裡，是世界原物料的供應地，金、銀、銅、硝石、石油、甘蔗、咖啡等，讓貪婪的投資客趨之若鶩。這裡，是獨裁者的舞臺，為鞏固權位，不惜發動政爭，甚至甘願淪為美國政府的傀儡，而留下自大、孤傲、狂妄與殘暴的形象。這裡，是革命英雄的戰場，解放思潮、民族認同與人道主義，在烽火中鍛鍊而成。這裡，是父權宰制下的社會，母性無畏的勇氣卻在暴戾氛圍中益發突出，一位位女性總統改寫拉美政治史。這裡，是大麻、古柯鹼、海洛因三大毒品的轉運中心，毒品儼然新興宗教，衍生出犯罪次文化，販毒集團紛紛成立，大毒梟一個接著一個登場，寫下驚心動魄的「毒品演義」。

從亙古到現代，拉丁美洲彷彿詭譎迷宮，引人一探究竟！

感謝《自由時報》電子報中心自由評論網主編潘靜怡小姐的邀請，在電子報開闢「魔幻拉美」專欄，以歷史為主軸，多年來已寫了近兩百篇文章，引起讀者的共鳴與迴響；因此，重新整理文稿，同樣以「魔幻拉美」為題出書，為讀者述說拉美如何在動盪中維持華麗身影、在平凡中展現絢麗生命。

本書共分兩冊。第一冊以「革命與反叛」、「剝削與貧窮」、「獨裁與威權」、「古巴與禁運」、「藥物與毒品」、「歷史與真相」、「毒品與暴力」七個單元，為讀者勾勒拉丁美洲最真實的輪廓，探究寓意深遠的歷史大事。第二冊再以「男人與宿命」、「男人與理想」、「女人與智慧」、「女人與勇氣」、「珍饈與佳餚」、「美酒與飲品」、「美麗與孤寂」七個單元，為讀者掀開拉丁美洲最神祕的面紗，窺探豐饒多元的文化樣貌！

本書有本人嚴謹的學術研究，但個人所學有限，書中難免有疏漏，敬請不吝指教。

拉丁美洲地圖

① 古巴
② 墨西哥
③ 瓜地馬拉
④ 薩爾瓦多
⑤ 貝里斯
⑥ 宏都拉斯
⑦ 尼加拉瓜
⑧ 哥斯大黎加
⑨ 巴拿馬
⑩ 牙買加
⑪ 海地
⑫ 多明尼加
⑬ 波多黎各
⑭ 委內瑞拉
⑮ 哥倫比亞
⑯ 厄瓜多
⑰ 秘魯
⑱ 玻利維亞
⑲ 智利
⑳ 阿根廷
㉑ 烏拉圭
㉒ 巴拉圭
㉓ 巴西
㉔ 法屬圭亞那
㉕ 蘇利南
㉖ 圭亞那

Martinique (FRANCE)
ST. LUCIA
BARBADOS
ST. VINCENT AND THE GRENADINES
GRENADA
BARBADOS
Isla de Providencia (COLOMBIA)
Aruba (NETH.)
Curacao (NETH.)
Isla de San Andrés (COLOMBIA)
Barranquilla
Cartagena
Maracaibo
Caracas
Port of Spain
TRINIDAD AND TOBAGO
Barquisimeto
Valencia
Barcelona
San José
Panama City
PANAMA
Cúcuta
San Cristóbal
Ciudad Guayana
VENEZUELA
Georgetown
Paramaribo
Cayenne
Medellín
Bucaramanga
GUYANA
SURINAME
French Guiana (FRANCE)
Pereira
Bogotá
Ibagué
Isla de Malpelo (COLOMBIA)
COLOMBIA
Cali
Boa Vista
Macapá
Quito
ECUADOR
Guayaquil
Cuenca
Iquitos
Manaus
Santarém
Belém
São Luis
Fortaleza
Teresina
Piura
Natal
João Pessoa
Chiclayo
Pucallpa
Trujillo
Rio Branco
Pôrto Velho
Recife
Huánuco
PERU
BRAZIL
Maceió
Huancayo
Aracajú
Lima
Cusco
Ica
Trinidad
Salvador
La Paz
BOLIVIA
Cuiabá
Brasília
Goiânia
Arequipa
Cochabamba
Santa Cruz
Contagem
Arica
Sucre
Potosí
Uberlândia
Belo Horizonte
Iquique
Campo Grande
Vitória
PARAGUAY
Londrina
Campinas
Antofagasta
Salta
Asunción
São Paulo
Santos
Rio de Janeiro
Curitiba
San Miguel de Tucumán
Ciudad del Este
Joinvile
Isla San Félix (CHILE)
Isla San Ambrosio (CHILE)
Resistencia
Florianópolis
CHILE
Porto Alegre
Santa Fe
Córdoba
Salto
URUGUAY
Valparaíso
Mendoza
Rosario
Archipiélago Juan Fernández (CHILE)
Santiago
Buenos Aires
La Plata
Montevideo
Concepción
ARGENTINA
Bahía Blanca
Mar del Plata
Temuco
Puerto Montt
San Carlos de Bariloche
Comodoro Rivadavia
Río Gallegos
Stanley
Falkland Islands (Islas Malvinas) (administered by U.K., claimed by Argentina)
Punta Arenas
Ushuaia
South Georgia and South Sandwich Islands (administered by U.K., claimed by Argentina)
Cape Horn

導言：向左走，向右走——拉丁美洲的掙扎

打著民主共和國的旗幟，拉丁美洲卻陷入自己所營造的迷宮之中，不斷左、右掙扎……左派堅持的是價值，而右派維護的是利益，無論向左走、抑或向右走，拉丁美洲有堅韌的生命力及包容力，將苦難化為絢爛文化，在挫敗中締造神話，在神話中幻想民主。

自從哥倫布踏上美洲土地起，荒謬的悲喜劇，一齣接著一齣，上演了三百餘年。獨立後，獨裁統治、美國干預、經濟剝削、游擊戰爭、農民革命、民粹運動幾乎占據了兩百年的歷史扉頁。打著民主共和國的旗幟，拉丁美洲卻陷入自己所營造的迷宮之中，在錯綜複雜的迴廊通道裡跌跌撞撞，找不到出口，用生命寫下昂貴的一課。這座迷宮匯聚了衝突與磨合、落後與進步、蒼涼與繁華、孤寂與喧鬧、死亡與重生，拉丁美洲不斷從泥淖中重新出發……

拉美國家在民主這條道路確實走得並不順遂，尤其一九五〇年代以降，以反共為名的麥卡錫主義（McCarthyism），從美國延燒至中美洲，甚至穿越巴拿馬地峽，擴及南美洲，扼阻拉美政黨政治的

發展。

瓜地馬拉首當其衝，曾擁有十年穩定的民主政治，卻因土地改革，動及美國聯合水果公司（United Fruit Company）的利益，美國以瓜地馬拉遭赤化為由，支持叛軍政變，瓜地馬拉陷入內戰三十餘年。在薩爾瓦多、尼加拉瓜等中美洲國家，共產主義分子紛紛被逮捕、甚至遭處決，激起共產主義分子改以游擊戰對抗親美政府。三十多年來，超過三十萬的中美洲人死於內戰，如此殘酷數字，係堅決「反共」所付出的代價。

至於南美洲，在右派軍政府統治下，成千上萬的智利人、阿根廷人、烏拉圭人和巴西人失蹤，這就是冷戰時期，為了「反共」，而留給南美洲的傷害，傷口至今尚未癒合，人民對恐怖統治依然記憶猶新。

二十世紀末，中美洲國家停止內戰，南美洲也結束軍事獨裁，左派勢力終於抬頭。二〇〇六年，恰好有十一個拉美國家舉行總統大選，左派與中左派政黨紛紛勝出，促使左派政治版圖占拉美總面積達百分之八十，寫下極具意義的歷史扉頁，而有所謂的「粉紅浪潮」（Pink Tide）之稱。這波左派政治人物有：委內瑞拉的查維茲（Hugo Chávez，1954 -2013）、阿根廷的基什內爾（Néstor Carlos Kirchner，1950-2010）、巴西的魯拉（Luiz Inácio Lula da Silva，1945- ）、厄瓜多的柯利亞（Rafael Correa，1963-）、玻利維亞的莫拉雷斯（Evo Morales，1959- ）、尼加拉瓜的奧蒂嘉（Daniel Ortega，1945- ）等。這些左派領袖無不以古巴為典範，並尊菲德爾．卡斯楚（Fidel Castro，1926-2016，以下簡稱卡斯楚）

為精神領袖。

的確，古巴為了進行社會改革，而遭美國禁運，卻仍堅守社會主義，成為冷戰時期拉丁美洲唯一的共產國家，不論醫療體系、抑或教育制度，其成果令人刮目相看。此外，古巴長期對抗美國的硬頸精神，鼓舞了拉美左派政府，反美情緒隨之沸騰，在諸多國際場合中，拉美左派領導人常藉機向當時的小布希（George Walker Bush，1946- ）表達不滿，其中，查維茲更是以極盡挑釁之能事，對小布希叫囂。

二十一世紀的拉美左派不同於二次大戰前的傳統左派，也與冷戰時期的左派迥異。以查維茲等人為首的左派政府，反對由華盛頓共識（Washington Consensus）所主導的新自由經濟政策，批評美國藉國際貨幣基金組織、世界銀行、美洲開發銀行干預拉美經濟，美其名解決經濟危機，事實上導致拉美社會不公、貧富懸殊。因此，左派政府意圖改善貧窮問題，縮小窮富差距，顧及醫療、教育、住房、就業、工資、婦女權益、老人照護等社會福利，也積極投入基礎建設與經濟發展。

貧窮向來是拉美國家的宿命，因此，左派政府繼續執政的關鍵在於經濟政策是否奏效。左派政府度過十年黃金歲月後，卻因政績未如預期而式微；此外，基什內爾、查維茲、卡斯楚相繼辭世後，左派可說群龍無首。阿根廷、祕魯、智利等紛紛改變走向，委內瑞拉陷入動盪不安的狀態，尼加拉瓜則因「退休金系統改革案」與人權不彰而爆發大規模警民衝突，完全沒兌現左派政府所承諾的安康社會。在巴西方面，魯拉的接班人迪爾瑪．羅塞夫（Dilma Vana da Silva Rousseff，1947- ）遭彈劾並提前下臺，至於魯拉本人，也因涉及多起貪瀆案件遭起訴，讓極右派贏得大選。

堅持社會主義路線？重返新自由主義？拉丁美洲不斷在迷宮中左、右掙扎……左派堅持的是價值，而右派維護的是利益。無論向左走、抑或向右走，拉丁美洲在挫敗中締造神話，在神話中幻想民主，堅信會找到迷宮的出口，看見光明。

放下左、右論戰，放眼人文價值，英雄事蹟讓人動容，女人角色亦令人讚佩，他們攜手譜寫拉美歷史扉頁，展現堅韌的生命力及包容力，將苦難化為絢爛文化，一道佳餚、一杯飲品，甚至一首牧歌，無不蘊藏人與大地共生共榮的智慧！

自前哥倫布時期起，即守衛著這塊大陸的男人，或抵禦外敵、或掙脫被宰制的枷鎖，他們曾陷入進退維谷的困境、甚至為國捐軀。他們不只是鈔票上的人物，或者名字被拿來命名國家、街道、學校，他們在悠悠時空中，為拉美留下堅韌特質！

1. Chapter
男人與宿命

詩人國王：齋戒之狼

他是賢君、英勇戰士、著名詩人、思想家、哲學家與建築師，有「詩人國王」之美稱。墨西哥一百披索紙鈔的正面即採用他的肖像，並以極微小的字型印了一段他所寫下的動人詩句……

在今日墨西哥貨幣中，一百披索應該是最廣為流通的紙鈔，最新版本於二〇一〇年八月發行，依目前匯率兌換，約相當於美金五元。這一百披索紙鈔的正面即為涅薩瓦科優（Nezahualcóyotl，1402-1472）[1]的肖像，人稱「詩人國王」。為了防偽造，鈔票上除了3D光影箔膜、變色安全線、隱藏圖案、迎光透視水印等之外，最令人稱奇之處在於墨西哥銀行字樣的下方，以極微小的字型印了一段涅薩瓦科優所寫下的動人詩句：

我愛小嘲鶇，那有四百種叫聲的鳥兒。
我愛翡翠的顏色與繁花的芬芳，

1 直譯為「齋戒之狼」。

然而我更愛我的同胞：人。

「詩人國王」不只是鈔票上的一個歷史人物，他所留下的詩作至今仍膾炙人口，其歷史必須追溯至前哥倫布文明。

十四世紀，墨西哥谷地充滿尚武精神，並以當地的五大湖為政治中心，由強權阿茲卡波查爾可（Azcapotzalco）所控制。五大湖中，有三座是鹹水湖，兩座為淡水湖。特斯可可（Tex-coco）、塔庫巴（Tacuba）等城邦國家崛起於鹹水湖畔，因生產鹽而富庶，但仍不敵阿茲卡波查爾可，紛紛俯首稱臣。

一三二五年，到處漂泊的墨西卡（Mexica）族，根據神諭，在五大湖中找到二座安身的島嶼，並在主島上建立都城特諾奇提特蘭（Tenochtitlan）[2]，其意為「仙人掌之地」。為了增加領土，墨西卡人除了興建橋梁聯結另一個小島之外，也積極擴大「奇蘭芭」（chinampa）。「奇蘭芭」即「浮動園圃」之意，也可稱為「人工島」，係以蘆葦編織一張方形厚實草

2 即今日的墨西城。

▲ 這張一百披索紙鈔的正面即為「涅薩瓦科優」，其名字原意為「齋戒之狼」，他集賢君、英勇戰士、著名詩人、思想家、哲學家與建築師為一身。鈔票上，墨西哥銀行字樣的下方，以極微小的字型印了一段涅薩瓦科優所寫下的動人詩句。

葦，將草葦置於湖畔、或水淺的沼澤地，於草葦的四周打下木樁，固定草葦，將礫土、草皮、泥土等物層層鋪在草葦上。「奇蘭芭」鋪好後，再於周邊植樹，讓樹根深入湖底，即可牢固於湖面，並在上面耕種，以湖中的泥水灌溉，作物供都城內需之用。在墨西卡人的經營下，「奇蘭芭」畦畦分明，運河縱橫交錯其間，十分壯觀，作物豐收，更加引起阿茲卡波查爾可的覬覦。

特斯可可城邦亦經常遭受阿茲卡波查爾可的攻擊。特斯可可王子涅薩瓦科優出生於一四〇二年，本名為亞科密茲特利（Acolmiztli），其意為「強壯之貓」，後來因五大湖區人口劇增，糧食不足，才易名為「齋戒之狼」，以此體恤人民。涅薩瓦科優少年時，父親在一場對抗阿茲卡波查爾可的戰役中失敗被殺，導致他必須四處流亡，經過千辛萬苦後返國取回王位，並與墨西卡、塔庫巴結盟，共同消滅宿敵阿茲卡波查爾可。三大城邦聯盟日益壯大，而形成所謂的阿茲特克帝國。

涅薩瓦科優頗具聲望，是賢君、英勇戰士、著名詩人、思想家、哲學家與建築師，他統治特斯可可四十一年（1431- 1472）之久，為國家訂定完備法典。或許曾經歷亡國之痛，阿茲特克帝國征服並瓜分其他城邦之後，在涅薩瓦科優所分得的藩屬城邦，他總是讓戰敗的酋長繼續治理。涅薩瓦科優這種寬大為懷的胸襟，贏得其他兩大盟邦的效尤。日後阿茲特克帝國以武力擴張領土時，對臣屬城邦恩威並施，雖然要求奉獻人牲、定期納貢，但也允許藩屬保有自己的神祇、政權、組織與習俗。

由於五大湖中的特斯可可湖為鹹水湖，一旦氾濫，鹹湖水便流到特諾奇提特蘭的周圍湖水，而無法灌溉農田。墨西卡國王求助於涅薩瓦科優，涅薩瓦科優於是為墨西卡建了一道全長十六公里的堤

▲ 圖為「奇蘭芭」模型。「奇蘭芭」即「浮動園圃」之意，也可稱為「人工島」，昔日的阿茲特克人就靠這一畦一畦的「奇蘭芭」種植作物，壯大帝國。

防，防止鹹水流入淡水湖。另外，特諾奇提特蘭因過度開發「奇蘭芭」，而汙染湖水；同樣，涅薩瓦科優又替盟邦墨西卡興建輸水道，為特諾奇提特蘭引入乾淨的飲用水。

涅薩瓦科優最令後世頌揚之處除了他的政績之外，尚有他的文學修養。他的詩集不僅是前哥倫布時期的文學瑰寶，至今依舊雋永，扣人心弦。例如，他在〈我問〉（Yo lo Pregunto）寫道：

我涅薩瓦科優問道：
難道真的能定居於這世上嗎？
這世上沒有永恆：
只有片刻。
即便翡翠也會碎，
即便黃金也會裂，
即便鳳尾綠咬鵑的羽毛也會斷，
這世上沒有永恆：
只有片刻。

唯美中散發濃濃的哲思，涅薩瓦科優為阿茲特克帝國那充滿暴力美學的歷史，寫下文情並茂與人本至上的扉頁。

馬貢達：海地野人奴隸的傳奇

一名野人奴隸盤踞海地山林長達六年之久，以獨特的祕密溝通方式，暗地整合山區內的零散力量，意圖反抗法國殖民政府。六年來，一到了暗夜，便鼟鼟敲響巫毒教戰鼓，令人血液沸騰……

一六九七年，法國從西班牙手中占領了西班牙島（Isla Española）[3]的三分之一土地，稱為法屬聖多明哥（Saint-Domingue），即後來的海地（Haïti）。在法國的統治下，大量種植甘蔗、棉花、咖啡和可可豆等，並大肆輸入黑奴，海地一度成為加勒比海最繁榮的區域。十八世紀中葉，海地黑奴多達兩百五十萬人，主要來自西非貝南（Benin）一帶，而貝南即原始巫毒教（Vodou/voodoo）[4]的發源地，巫毒教也隨之在黑人社會中悄悄流傳。

3 或譯為「伊斯帕尼奧拉島」，今日島上有海地、多明尼加兩國。
4 或譯為「伏都教」。

殘暴的奴隸制度不僅迫使黑奴陸續叛逃至山區，甚至不斷起義反抗。在法國殖民當局的血腥鎮壓下，追求自由之路遙遙無期，巫毒教因而成為黑奴對抗暴政的精神依靠。不論是莊園內的黑奴、抑或山區裡的野人奴隸，無不在暗夜舉行巫毒教祭典，祈求非洲神靈賜予力量，面對坎坷未來。質言之，巫毒教在黑人社會中發揮友愛作用，並匯集成一股反法國殖民統治的祕密力量，其中，以覡師馬貢達（François Mackandal, ?-1758）的起義活動最具神話色彩。

至於馬貢達的出身，眾說紛紜。有說，馬貢達於一七〇四年生在非洲剛果的貧困家庭，十二歲時被販賣至海地的甘蔗園為奴。亦有一說，馬貢達生年不詳，可能是在一七二八年生於海地的黑人。總之，馬貢達在甘蔗園工作時，不幸被碾糖機碾傷而喪失左手，後來逃跑而成為野人奴隸。馬貢達逃至山區後，決定組織其他的野人奴隸，採游擊戰策略，襲擊各地莊園，意圖解放奴隸。由於馬貢達也是巫毒教的覡師，熟悉各種藥草，而從中萃取出毒藥，交由黑奴偷偷加入莊園主人的餐飲內，造成許多莊園主人身亡，引起白人階級一陣恐慌，並紛紛出走，移居其他島嶼另起爐灶。

彷彿受到巫毒教的護佑，馬貢達充滿領袖魅力。他制定獨特的祕密溝通方式，盤踞山林六年（1751-1757），暗地整合山區內的零散力量。六年來，一到了暗夜，巫毒教戰鼓便鼕鼕響起，令人血液沸騰，一山傳過一山，從山巔到森林，再從森林到平原，不斷召喚同伴起義抗暴。據統計，他的游擊隊至少殺了六千名白人，殖民當局卻屢次逮捕他不成。於是，信徒將他神格化，繪聲繪影地將他形容成千變萬化的神靈。海地官方史料對馬貢達著墨不多。古巴作家卡本迪爾（Alejo Carpentier，

1904-1980）以馬貢達的傳奇為藍本，寫下《塵世王國》（*El reino de este mundo*），透過魔幻寫實技巧，勾勒出馬貢達那半人半神話的形象：

> 獨臂馬貢達，巫毒教覡師，毒物之師，充滿眾神降臨的非凡能力，擁有海洋另一端眾神所賦予的至高權力；於是，眾望所歸，宣布發動消滅白人的聖戰，冀望在聖多明哥建立偉大的自由黑人王國。

馬貢達寫下一首十四音節詩，做為聖戰誓詞，激勵其他黑奴共同敲起巫毒教戰鼓。這聲聲尋求解放的吶喊，比法國大革命所譜寫的《馬賽曲》早了四十年：

創造太陽的善神，
爾讓陽光照拂吾族，
讓大海湧起巨浪，
讓暴風雨發出怒吼……
丟棄白人的神像吧！
吾族異常渴求
自由無價故吾人甘願赴義渡吾族！

▲ 野人奴隸馬貢達雖喪失左手，但他殘而不廢，暗地整合山區裡的零散力量，對抗殖民政府長達六年之久。海地於一九六八年發行馬貢達肖像金幣，還原他完整的左手。

為了消弭馬賁達的起義勢力，法國殖民政府對一名俘虜用刑，迫使他供出馬賁達的藏匿地點。馬賁達終究失敗被捕，而於一七五八年一月二十日，被押解至法蘭西角（Cap-Français）[5]的廣場上，將他活活燒死，殺雞儆猴。對此，卡本迪爾再度以魔幻寫實筆法，刻劃出馬賁達遭法國殖民當局燒死的神祕氛圍，將黑奴魂魄昇華為民族英雄：

馬賁達已被綁在受刑的柱子上。/……/火舌已流竄到斷臂人的身上，吞噬著他的雙腳。此時，馬賁達舞動著那無法綁住的殘肢，並沒因受傷而減少震懾程度，反而更加嚇人，口中發出狼嗥且無人聽懂的咒語，軀體猛然往前一衝。綁著他的繩索鬆落了，黑人的身子騰空一躍，掠過眾人的頭頂，消失在奴隸群體的黑浪中。廣場上喧天價響：

「馬賁達已被解救了！」

當時在場的黑奴均深信馬賁達羽化登仙。革命戰火並未因馬賁達的死亡而熄滅，在這條追求自由的漫漫長路上，至少有十五萬黑奴犧牲生命。一八〇四年，海地共和國終於誕生，係繼美國之後，第二個宣布獨立的美洲國家，也是全世界第一個由黑人所建立的民主國家。

5 後來易名為海地角。

杜桑·盧維杜爾：從奴隸到開創者

在海地，他的姓氏是驕傲，也是榮耀，象徵自由與平等，代表一段艱辛的解奴歷史。他在被縛之際說了句名言：「擊垮我，只是砍斷黑人自由之木的樹幹，但樹幹會再生，並長出又多又深的根。」

海地與多明尼加共和國共處於西班牙島，一個曾是法國殖民地，另一個則淪為西班牙殖民地。在殖民時期，西班牙島又稱為聖多明哥島。海地占西邊約三分之一的面積，今日是西半球最窮的國家，人均不到八百美元。不過，海地卻是繼美國之後，第二個獨立建國的美洲國家，也是第一個由黑人所建立的民主國家。在漫長的解奴之路，不能不提杜桑·盧維杜爾（François-Dominique Toussaint L'Ouverture，1743-1803）。

本名為杜桑·布烈達（Toussaint de Bréda），為出生於布烈達莊園（Plantation Bréda）的奴隸。其父係一名非洲王子，卻不幸被當成奴隸從貝南販賣至海地，在布烈達莊園工作。雖然出身奴隸，杜桑·布烈達受洗為天主教徒，不僅識字尚有機會接觸歐洲哲學思想，再加上資質聰穎，博得主人巴勇·德利維黛（François-Antoine Baillon de Libertat）的歡心，而鼓勵他博覽群書。起初他擔任莊園的車夫、園丁、獸醫等工作，後來搖身一變成為大總管。一七七六年，杜桑．布烈達三十三歲，終於獲得人身自由，成為合法的自由人。

獲得自由後，杜桑．布烈達開始累積財富，擁有一座約十五公頃的咖啡園，以及十三名奴隸。法國大革命的解放精神遠颺至海地，杜桑．布烈達加入以自由平等為訴求的雅各賓派（Jacobin）。

▲ 杜桑．盧維杜爾受到黑人的愛戴、法國人的禮遇、英國人的尊崇、西班牙人的敬畏。拿破崙在歐洲建立霸權後，有意圖恢復海地的奴隸制度，於是計誘杜桑．盧維杜爾，並將他押解至法國。杜桑．盧維杜爾遭監禁，最後死在獄中。

一七九一年八月二十二日深夜，海地北部爆發大規模的起義行動（1791-1794）。杜桑．布烈達率領一千多名追隨者加入起義，而走上解放之路。

在起義期間，海地黑人領袖與殖民當局談判，要求廢除奴隸制度，爭取黑人的公民權；然而，殖民當局不願，部分黑人領袖於是跨過邊界，至東邊的西班牙殖民地聖多明哥，與當地人結盟，意圖推翻法國統治，杜桑．布烈達因此加入東邊聖多明哥的解奴陣線，並漸漸嶄露頭角。

一七九三年，杜桑．布烈達組織黑人解放軍，自此，他將自己的姓氏改為杜桑．盧維杜爾（Toussaint L'Ouverture），正如「L'Ouverture」之意，他期許開創美好未來，並負起「開創者」的重責。另外，不少法國貴族因莊園遭黑奴放火燒燬，而從海地逃往美國或牙買加，聯合英國勢力，企圖反攻聖多明哥，討回失去的權力與財富。杜桑．盧維杜爾不僅一方面與殖民政府談判，還得協助殖民政府，擊退入侵的英國軍隊，同時防範當地姆拉多（mulato）[6]黑白混血人種的倒戈。

一八〇〇年，海地升格為自治區，隔年杜桑．盧維杜爾頒布殖民地自治憲法，並被推舉為終身總督。他曾效忠西班牙王室，不讓法國併吞東邊的聖多明哥，後來卻以西班牙沒有解放奴隸之意為由，而於一八〇一年強勢將東邊的聖多明哥併入法國殖民地，統一聖多明哥島（1801-1809），同時解放

6 歐洲殖民政府對美洲血統出身有嚴格的階級分類：在美洲出生的白人男子為「克里歐優」（criollo）為陽性，女性為「克里歐雅」（criolla）；由白人與印地安人所生下的混血人種，男性為「梅斯蒂索」（mestizo），女性是「梅斯蒂莎」（mestiza）；至於白人與黑人所生下的人種，「姆拉多」（mulato）為男性，「姆拉妲」（mulata）則為女性。

了全島的黑奴，以雇工代替奴隸。彼時的杜桑・盧維杜爾一呼百諾，成為最高統帥，受到黑人的愛戴、法國人的禮遇、英國人的尊崇、西班牙人的敬畏。

拿破崙（Napoléon Bonaparte，1769-1821）在歐洲建立霸權後，有意圖恢復海地的奴隸制度，重拾昔日的蔗糖經濟，於是在一八〇二年派妹夫夏爾・勒克萊爾（Charles Leclerc，1772-1802）率領大軍來到聖多明哥島，卻遭杜桑・盧維杜爾反擊。對這位黑人領袖，拿破崙軍隊有所顧忌，只得以和談之名計誘杜桑・盧維杜爾。結果杜桑・盧維杜爾中計，遭押解至法國，被監禁於當時歐洲最堅固的監獄茹城城堡（Le Château de Joux）。黑人英雄最後在一八〇三年四月七日病死獄中。雖然無緣見證海地獨立，但他打下的基礎，由讓－雅克・德薩林（Jean-Jacques Dessalines，1758-1806）所繼承，而於一八〇四年宣布海地獨立建國。誠如他自己所云：「擊垮我，只是砍斷黑人自由之木的樹幹，但樹幹會再生，並長出又多又深的根。」

「盧維杜爾」姓氏在聖多明哥島是驕傲，也是榮耀，象徵自由與平等，代表一段艱辛的解奴歷史。因黑奴在一七九一年那一夜爭自由的吶喊，聯合國教科文組織宣布八月二十三日為「奴隸貿易及其廢止國際紀念日」，呼應了杜桑・盧維杜爾的一句名言：「我生來是奴隸，但天性賜予我自由人的靈魂。」

玻利瓦：迷宮中的將軍

玻利瓦曾一度身兼大哥倫比亞、祕魯及玻利維亞三國的總統，聲望如日中天，無人能及。然而，他一手所建立的「大哥倫比亞共和國」，卻因地方派系明爭暗鬥而崩解。在夢想幻滅與肺結核的折磨下，玻利瓦終於明白「敵人不在外面，而在家裡。」

一九八二年諾貝爾文學獎得主賈西亞．馬奎斯（Gabriel García Márquez，1927-2014），以美洲解放者玻利瓦（Simón Bolívar，1783-1830）的生命尾聲為藍本，創作出《迷宮中的將軍》（*El general en su laberinto*）。小說裡，玻利瓦失去權勢，拖著孱弱病體，沿著馬格達萊納河（Río Magdalena），準備離開哥倫比亞，藉由回憶，慢慢勾勒出解放者的孤寂形象，回溯英雄的光榮過去，同時也鋪陳南美洲儼然迷宮的政治氛圍。

一七八三年，玻利瓦生於委內瑞拉的一個富裕家庭，屬於克里歐優階級。所謂的「克里歐優」即生長在美洲的歐洲白人，其社會階級僅次於來自伊比利的半島人。玻利瓦少時受軍事教育，十五歲負笈西班牙，十九歲結婚，不久即偕同妻子回到委內瑞拉。孰料，妻子於一八〇三年染病身亡，玻利瓦因而再度赴歐陸。啟蒙運動激發他的解放思想，此外，拿破崙背離法國大革命的理想而於巴黎聖母院加冕，更令他立志成為真正的英雄，一八〇七年於是返抵委內瑞拉，準備為自己的土地貢獻心力。

在西屬美洲，委內瑞拉首先爆發獨立運動，由革命先驅米蘭達（Francisco de Miranda，1750-1816）於一八〇六年發難。玻利瓦於一八一〇年加入戰爭行列，同年，解放軍成立第一個委內瑞拉聯合政府。獨立戰爭如火如荼進行，不料，米蘭達於一八一二年兵敗被俘，爾後死於西班牙獄中。玻利瓦注定要當英雄，他在一八一三年被尊為「解放者」。然而，解放過程並不順利，玻利瓦甚至得於一八一五年自我流亡牙買加，重新省思如何喚醒西屬美洲的自決意識。

一八一九年八月七日，玻利瓦捲土重來，所率領的解放軍大敗西班牙軍隊，並於同年十二月十七日宣布成立「大哥倫比亞共和國」（La República de Gran Colombia），包含委內瑞拉與新格拉那達（Nueva Granada）[7]兩地。「哥倫比亞」取自義大利航海家哥倫布（Cristoforo Colombo，1451-1506）的姓氏，其拉丁文「columbus」原意即為白鴿，象徵和平。在語義上，「哥倫比亞」代表「哥倫布之地」，此榮譽乃獻給美洲的發現者。米蘭達發動革命之際，即有意以「哥倫比亞」做為未來的國名，冀望建立一個和平的國度。

7 即後來的哥倫比亞。

▲ 玻利瓦終身擁有「解放者」榮耀，他曾一度身兼大哥倫比亞、祕魯及玻利維亞三國的總統，聲望如日中天，無人能及。

▼ 玻利瓦雖擁有「解放者」榮耀，卻仍陷入政治迷宮中，最後在肺結核的摧殘下落寞辭世。

玻利瓦完成了米蘭達的理想，也實踐了自己的夢想，甚至想仿傚美國，整合其他同時脫離西班牙統治的美洲殖民地，共同建立一個強大、團結的合眾國。玻利瓦被推舉為「大哥倫比亞共和國」的第一任總統，不久巴拿馬與厄瓜多也分別於一八二一、一八二二年併入「大哥倫比亞共和國」。同時，阿根廷的聖馬丁（José de San Martín，1778-1850）解放了智利及祕魯；於是，玻利瓦於一八二三年越過巍峨的安地斯山脈，進入利馬，持續為解放南美洲而戰。隔年，在阿亞庫喬（La batalla de Ayacucho）一役中，獲得光榮勝利，西班牙在南美洲的最後殖民地（上祕魯）終於獨立了，取國名為「玻利維亞共和國」（La República de Bolivia），以頌揚玻利瓦。

玻利瓦曾一度身兼大哥倫比亞、祕魯及玻利維亞三國的總統，聲望如日中天，無人能及。然而，地方勢力暗潮洶湧，同志之間也因政治理念不同而產生歧見，最後演變成中央集權派與聯邦分權派之爭。眼見「大哥倫比亞共和國」即將土崩瓦解，為了力挽狂瀾，玻利瓦採取獨裁手段，落下一片罵名，卻仍舊阻止不了分裂的命運。委內瑞拉於一八二九年十一月脫離「大哥倫比亞共和國」，玻利瓦於一八三〇年五月七日辭職下野，五月十三日厄瓜多也跟著分離。在夢想幻滅與肺結核的折磨下，玻利瓦終於明白「敵人不在外面，而在家裡。」然而，時不我與，同年十二月十七日在落寞中辭世。

為了獨立運動，玻利瓦親自跨上戰馬，馳騁於所解放的五國土地，戰功彪炳，空前絕後。一個偉大的軍事家、思想家、政治家，終身擁有「解放者」榮耀，仍舊陷入進退維谷的政治迷宮中，而這政治迷宮正是爾後拉丁美洲紛亂的寫照。

馬帝：高舉星辰的革命家

從十六到四十二歲，馬帝除了將人生精華獻給古巴獨立運動之外，也致力於文學創作。在文壇，馬帝是現代主義先驅；在政壇，他是古巴民族英雄。馬帝並非古巴國父，他喚起拉丁美洲各國的文化認同與團結精神，其功勳鏤刻於時空之中，無人能及。

喜歡古巴音樂的朋友，應該對〈關塔那美拉〉（Guantanamera）這首歌不陌生，即便不熟悉也能隨著旋律哼唱兩句。這首曲調於一九四〇年代譜成，歌詠古巴東南部關塔那摩（Guatánamo）地方的小姑娘，曲調旋律很適合即興填詞，後來在一九五〇年代填上了馬帝（José Martí，1853-1895）的〈樸實詩篇〉（Versos sencillos）之後，更讓這首曲子揚名海外。

〈樸實詩篇〉正如其名，詩句平易，以八音節方式書寫而成，字字蘊藏鄉愁，也滿懷理想與希望，反射出馬帝顛沛流離的一生，是典型的現代主義風格，充滿象徵意義：

▲ 馬帝是民族英雄，也是現代主義先鋒，既是出色政治家，更是文壇巨擘。他高舉星辰，喚起拉美各國的文化認同與團結精神。

▼ 圖為哈瓦那大學文學與藝術學院的中庭，一根柱子上掛著古巴國旗，國旗前擺上馬帝雕像。

我是真誠樸實之人（Yo soy un hombre sincero）
來自棕櫚生長之地（de donde crece la palma）
我想在我臨死之前（Y antes de morirme quiero）
歡唱心靈句句詩篇（echar mis versos del alma）

古巴各地廣立馬帝雕像，無數的公園、廣場、學校、機關、紀念館、圖書館都以馬帝命名，不僅哈瓦那國際機場不例外，古巴中部和東南部亦有小城獻給馬帝。古巴共產黨除了帶有馬克思主義色彩之外，並兼具馬帝思想。甚至反卡斯楚政權的古裔美人廣播電臺和電視臺也取名「馬帝」。到底馬帝是何許人也？馬帝思想又是什麼？為何馬帝思想被視為凝聚古巴共識不可或缺的信仰？又為何兩個敵對陣營同時尊崇馬帝？

許多對古巴有涉獵的朋友，常誤以為馬帝是古巴的國父。其實不然，古巴國父乃西斯佩德斯（Carlos Manuel de Céspedes，1819-1874），一名出生於古巴東部巴亞摩（Bayamo）的富裕蔗糖業主。一八六八年，西斯佩德斯點燃第一次古巴獨立運動，史稱「十年戰爭」（1868-1878）。戰爭期間，西斯佩德斯之子奧斯卡（Óscar）不幸落入西班牙人手中，西班牙以奧斯卡脅逼西斯佩德斯投降，西斯佩德斯不從，說：「奧斯卡並非我唯一的兒子，我是所有為革命犧牲的古巴人之父。」西斯佩德斯於一八七四年捐軀，被稱為古巴國父。

古巴第一次獨立運動爆發時，馬帝年僅十六歲，才就讀中學三年級，卻因一份文宣而被以叛亂罪逮捕。起初馬帝被送往哈瓦那監獄服刑，後來改送監禁政治犯的松林島（Isla de Pinos）[8]，最後改判流放西班牙。流放西班牙五年期間（1871-1876），馬帝靠擔任私塾教師、翻譯英文作品、寫報紙專欄為生，生活十分拮据，以無比的毅力完成中學學業，並進入兩所大學分別攻讀法律和文學，於極短的時間內完成學位。

8 爾後易名為青春島。

一八七六年，馬帝持假證件，越過庇里牛斯山，離開西班牙。自此，風塵僕僕為古巴解放運動奔波，遊走於墨西哥、古巴、瓜地馬拉、宏都拉斯等地。「十年戰爭」結束後的翌年（1879），馬帝率眾起義，孰料失敗，又遭殖民當局流放西班牙。但兩個月後，馬帝再度越過庇里牛斯山，取道法國前往美國，一心只求古巴獨立建國。一八九五年二月，古巴點燃第二次獨立戰爭；同年五月，馬帝的軍營遭西班牙軍隊襲擊，突圍時，馬帝不幸中彈，為獨立運動捐軀，結束四十二

Polvo de Ala de Mariposa
(fragmento)
¡Como una enredadera
Ha trepado este afecto por mi vida!
¡Díjele que de mí se desasiera,
Y se entró por mi sangre adolorida
Como por el balcón la enredadera!

▲ 古巴各地除了廣立馬帝雕像之外，也會設置看板，節錄馬帝的詩句，讓路人朗誦詩句，並向馬帝致敬，例如這個看板即摘錄馬帝的〈蝴蝶翅膀之灰〉（Polvo de alas de mariposa）。

年的短暫生命。

從十六到四十二歲，馬帝除了將人生精華獻給古巴獨立運動之外，也致力於文學創作，詩、散文、隨筆、小說、戲劇、論說文，樣樣精通、篇篇精采。他是一個孤寂的現代主義詩人，詩句中卻沒有萎靡不振的無病呻吟，反而流洩出絢爛的青春活力，在唯美意境中雕琢語言，賦予詩句行雲流水般的韻律。他是憂國憂民的革命先驅，以春秋之筆為大地母親謳歌，書寫政治思想，闡述美洲主義。

無論詩句抑或隨筆，馬帝的文字是撫慰人心良藥。他落實人種平等觀念，於是寫道：「無論黑人白人都有極為高尚的品格。」對於國家的定義，他說：「祖國就是平等，尊重各種意見，並能安慰悲傷者。」他似乎預測到自己看不到古巴獨立而寫下：「我希望來日身亡後，雖無祖國也無主人，但能在墳前有一束，香花以及一面國旗。」他將古巴的悲慘命運比喻為「軛與星辰」，勾勒出古巴人有面對苦難的堅毅性格，不願戴上「軛」而苟且偷生，寧願高舉「星辰」，在黑暗中負起照亮他人的使命：「給我軛吧！哦！我的母親，我要將它踩在腳下，讓那既璀璨又帶著犧牲的星辰，在我額前更加熠熠閃亮！」

在文壇，馬帝是現代主義先驅；在政壇，他是古巴民族英雄。馬帝思想即以美洲主義為核心，賦予拉丁美洲尊嚴，喚起拉丁美洲各國的文化認同與團結精神，提防美國南侵的野心：「一排排緊密的樹林可以抵擋七里高的巨人啊！」換言之，馬帝思想承襲自玻利瓦的解放思潮，代表拉丁美洲各國的反殖民主義。

馬帝的功勛鏤刻於時空之中，其歷史地位無人能及。

Arte soy entre las artes
y en los montes, monte soy.

▲ 以斑斕的壁畫為背景，白色的馬帝雕像格外醒目。雕像旁的詩句來自〈樸實詩篇〉：「我是藝術中的藝術／也是萬巒中的一山」。

索拉諾・羅培茲：大元帥的戲劇人生

他是大元帥，也自詡為「南美洲的拿破崙」，卻為了向外擴張而引發巴西、阿根廷和烏拉圭三國的不滿，一同對付巴拉圭。她是大元帥的情婦，有情有義，戰爭爆發後，她沒有遠離煙塵，卻留下來陪他作戰，在他戰死後，還親手挖坑埋葬了他。

巴拉圭獨立後，歷經了羅德里格斯・德・弗朗西亞（José Gaspar Rodríguez de Francia，1766-1840）二十六年的鎖國政策（1814-1840），經濟在光榮孤立中蓬勃發展。卡洛斯・安東尼奧・羅培茲（Carlos Antonio López，1792-1862）繼位後，仍以「高地酋主義」（caudillismo）宰制人民，獨裁統治十八年（1844-1862）。此時的巴拉圭，經濟自給自足，堪稱拉丁美洲最富庶之地，不僅沒有外債，也是唯一沒受到歐美資本主義入侵的國家。

巴拉圭瓜拉尼（guaraní）原住民本就有崇拜「領袖」的傳統，因此，族長式的「高地酋主義」在巴拉圭發展的相當好。羅德里格斯・德・弗朗西亞被稱為「至尊」（El Supremo），卡洛斯・安東尼奧・羅培茲則被封為「至優」（El Excelentísimo）。卡洛斯・安東尼奧・羅培茲過世後，由兒子弗朗西斯科・索拉諾・羅培茲（Francisco Solano López，1827-1870）繼任，是巴拉圭人民口中的「卡拉伊」（karaí）[9]，也是「大元帥」，而他則自詡為「南美洲的拿破崙」。

巴拉圭位於南美洲的心臟地帶，為內陸國。昔日，必須沿著巴拉圭河（Río Paraguay）、巴拉納河（Río Paraná），再航入拉布拉他河（Río de la Plata），取道阿根廷和烏拉圭，才得以航向大西

9 為瓜拉尼語，係「先生」之意。

洋。但是，只要阿根廷和烏拉圭封鎖河口，巴拉圭就無法向外發展。詭譎的政治環境，讓索拉諾·羅培茲有向外擴張的野心。

在索拉諾·羅培茲的統治下，巴拉圭鋪設了南美洲第一條電報線，擁有鐵路，積極投入其他交通建設。除了農、牧業外，造船廠、軍工廠，各項工業陸續發展。索拉諾·羅培茲打破孤立形勢，向歐洲國家購買軍備，以兩年時間訓練一支精良部隊，準備建立巴拉圭帝國。巴拉圭的繁榮已威脅到鄰國巴西和阿根廷。

索拉諾·羅培茲有意迎娶巴西公主，但遭巴西皇帝佩德羅二世

▲ 巴拉圭為內陸國，對外必須仰賴三條河流。首都亞松森傍著巴拉圭河而建，左邊那幢雄偉的建築物即為「羅培茲宮」（Palacio de López），係索拉諾．羅培茲邀請歐洲建築師所設計興建。「三國同盟戰爭」爆發之際，這座宮殿正好在竣工階段，索拉諾．羅培茲因戰事告急並未入住，巴拉圭戰敗後，巴西軍隊入侵亞松森，並洗劫「羅培茲宮」。「羅培茲宮」一度荒廢，直一八九二年才整修恢復原狀。

（Pedro II de Brasil，1825-1891）拒絕，引起兩國交惡。索拉諾．羅培茲企圖挾制烏拉圭，以建立拉布拉他河的霸權，引發阿根廷不滿。拉布拉他河區頓時戰雲密布，戰爭一觸即發。英國銀行團暗地提供貸款給巴西、阿根廷和烏拉圭，做為戰爭花費。然而，索拉諾．羅培茲自己點燃戰火。

一八六四年，索拉諾．羅培茲下令逮捕一艘合法航行於巴拉圭河的巴西輪船，隨後入侵巴西的馬托格羅索州（Mato Grosso）。兩巴宣戰。烏拉圭總統佛羅雷斯（Venancio Flores Barrios，1808-1868）親巴西，故加入巴西陣營。巴拉圭擬向阿根廷取道進攻巴西，阿國回絕，巴拉圭便侵犯阿國的科林提斯省（Corrientes）。於是，巴西、阿根廷和烏拉圭三國聯軍，一同對付巴拉圭，史稱「三國同盟戰爭」（La Guerra de la Triple Alianza），又稱「巴拉圭戰爭」。

戰火持續了六年（1864-1870），當巴拉圭節節敗退，索拉諾．羅培茲卻不服輸，強行徵召十一歲到六十歲的男子上前陣，婦女也加入後方工作。戰爭直到索拉諾．羅培茲戰死才落幕。戰爭期間，巴拉圭人民效忠領袖、英勇抗敵的精神，值得傳誦。這場戰爭造成約三十萬名巴拉圭人死於沙場，占彼時總人口五分之四，而死者中有九成是男性。巴拉圭幾乎毀於烽火，必須割地賠款並遭聯軍占領。戰後，倖存的男人為了尋求生機只好逃亡國外，國家僅能以蕭索形容之。

玻利瓦曾經預言：「我們永遠不會幸福，永遠不會。」果真，拉丁美洲各國自獨立以來，彼此因疆界不清和經濟利益而大動干戈，造成命運乖舛。巴拉圭即為一例，經此一戰，當年的富裕與榮景已不復見。

索拉諾．羅培茲一生充滿戲劇化，執政八年（1862-1870）期間，有六年在戰場度過。他沒掌權之前，在巴黎巧遇了愛爾蘭女子林奇（Elisa Alicia Lynch，1833-1886），並將她帶回巴拉圭，成為他公開的情婦，兩人共生下七名子女。林奇被喻為巴拉圭的龐巴度（Madame de Pompadour，1721-1764），有情有義。戰爭爆發後，她沒有遠離煙塵，卻留下來陪伴索拉諾．羅培茲直到他戰死，在親手挖坑埋葬他之後，才帶著僅存的四個兒子逃到歐洲。

三國聯軍雖說是巴拉圭的歷史陰霾，對索拉諾．羅培茲有兩極化的評價。他的兒子恩利格（1859-1917）去國多年後返回巴拉圭，不僅當選巴拉圭紅黨參議員，也要回父親的榮耀。的確，「愛國主義」終究昇華了索拉諾．羅培茲的形象。暨今，索拉諾．羅培茲的子孫不僅繼承了姓氏「羅培茲」，也承襲了名字「索拉諾」，並在巴拉圭開枝散葉。

▲ 索拉諾．羅培茲僅掌權八年，他卻為巴拉圭寫下最慘烈的英雄詩篇。

▶ 索拉諾．羅培茲野心勃勃，自詡為「南美洲的拿破崙」，終於引起巴西、阿根廷和烏拉圭三國的不滿，而一同對付巴拉圭。戰火持續六年，直到索拉諾．羅培茲戰死才落幕。圖為巴拉圭國家英雄館，中間的雕像即為索拉諾．羅培茲。

馬里亞特吉：拉美左派先驅

他有「阿毛塔」之美譽，意即「大師」、「智者」。除了文學創作之外，他更藉文字傳遞思想、批評政治、呼籲教育改革、捍衛工人權益。他的思想啟發了切．格瓦拉，並在切．格瓦拉的心中悄悄埋下革命種子……

提到拉美左派，或許讀者腦海會閃過卡斯楚、切．格瓦拉（Che Guevara，1928-1967）、查維茲等人的形象，事實上，拉美左派先驅首推祕魯哲學家何塞．卡洛斯．馬里亞特吉（José Carlos Mariátegui，1894-1930），他的思想對拉美社會、政治、文學、歷史、人類學等領域影響深鉅。

馬里亞特吉出生於祕魯的一個貧窮家庭，年少時曾在學校發生意外，復原後留下左腳關節僵硬的後遺症，令他往後人生飽受折磨。他樂於閱讀，即便在病榻上仍大量閱讀。他以十五歲的青澀年紀進入報社工作，起初從事雜役，自一九一四年起即以記者及寫作為志業，除了文學創作之外，他更藉文字傳遞思想、批評政治、呼籲教育改革、捍衛工人權益。

馬里亞特吉的筆鋒犀利，令彼時的祕魯總統奧古斯托．萊吉亞（Augusto Leguía，1863-1932）頗

▲何塞．卡洛斯．馬里亞特吉的人生很短暫，卻十分精采。他的思想對拉美社會、政治、文學、歷史、人類學等領域影響深鉅，連切．格瓦拉都受到他的啟發。

為不安，於是提供了一筆獎學金讓他遠赴義大利，美其名曰留學，其實是不希望馬里亞特吉留在祕魯。馬里亞特吉自一九一九至一九二三年間旅居歐洲，除了義大利之外，並到法國、德國、捷克等國，盡情吸收馬克思主義，更將馬克思主義與印加文化的共產思想融為一體，漸漸蔚為他個人詮釋拉美社會的獨特左派思想。

從歐洲返國後，馬里亞特吉依舊積極參加社會運動，抗議萊吉亞的獨裁統治。一九二四年，馬里亞特吉因下肢舊疾復發，而被截去下肢，但他仍不懈怠，持續工作與寫作，並出版他的第一部作品《當代舞臺》（*La escena contemporánea*）。一九二五年，他成立了「智慧女神」出版社（Editorial Minerva）；一九二六年，他創辦了《阿毛塔》（*Amauta*）刊物，藉此刊物傳遞解放思潮，同時宣揚以原住民文化為主體的拉美本土化主義。「阿毛塔」在印加官話克丘亞語（quechua）裡，即「大師」、「智者」之意，係印加帝國對老師的尊稱。馬里亞特吉也因個人對拉美思潮影響深鉅，而贏得「阿毛塔」之美譽。

一九二七年，萊吉亞政府以馬里亞特吉有顛覆政府之嫌，而將他逮捕入獄，後來礙於社會輿論壓力，才改判他居家監禁。一九二八年，馬里亞特吉創立了祕魯社會黨（Partido Socialista），擔任總書記；同年，他針對祕魯的政治、社會、經濟、土地、教育與文化等問題，完成了曠世鉅著《闡釋祕魯現狀的七篇論文》（*Siete ensayos de interpretación de la realidad peruana*）。一九二九年，他建立祕魯總工會，該組織係目前祕魯最大的全國性聯合工會。一九三〇年四月十六日，他的健康突然惡化而逝世於利馬，得年僅三十六歲；祕魯社會黨在他離世不久後，更名為祕魯共產黨（Partido Comunista Peruano）。

病痛折磨著馬里亞特吉的短暫人生，但他卻將生命活得十分精采。他是作家，兼思想家及評論家，更是社會運動者，為拉丁美洲思想史留下重要扉頁。

二〇一八年正逢《闡釋祕魯現狀的七篇論文》出版九十週年紀念。這部鉅作自問世以來，至少印刷了兩百萬冊，有八十多種版本，被迻譯成十一種語文，在全球二十多國發行。馬里亞特吉以〈經濟發展概況〉、〈印地安人問題〉、〈土地問題〉、〈公共教育過程〉、〈宗教的地位〉、〈地方主義與中央集權〉、〈文學過程〉七篇論文，為祕魯進行通盤診斷，其論述十分精闢，勾勒出完整改革藍圖。亦即，這部鉅作儼然先知之書，字裡行間揭露往昔的荒謬、凸顯今日的難題、預知未來的挑戰。

馬里亞特吉的真知灼見賦予祕魯社會革新力量，尤其生長在這個原屬於印加文化的國度，馬里亞特吉對前哥倫布文化與原住民問題著墨頗深，開啟拉丁美洲以原住民文化為主體的本土化主義。他強調印地安人的問題其實是經濟問題，無關種族優劣，係土地私有化下的後果；因此，他認為：「要解決印地安人的問題，必須解決社會及經濟問題，且應該由印地安人自己作主來解決。」

反帝國主義、實施拉美社會主義是馬里亞特吉的核心思想；然而，在獨裁政權與資本主義的宰制下，革命係實現理想之途徑。質言之，抗爭與革命是在所難免的手段，他甚至認為女性主義也是實質的革命。當初切．格瓦拉遊歷至祕魯時，雖然馬里亞特吉早已作古，但他的思想啟發了切．格瓦拉，並在切．格瓦拉的心中悄悄埋下革命種子。

馬里亞特吉被譽為拉美最偉大的馬克思主義哲學家，是拉美左派先驅，其影響早已跨越祕魯邊界，遠颺至拉丁美洲各國，被知識分子與左派團體奉為圭臬，終於在二十世紀末葉發酵，讓拉美左派崛起，走上粉紅浪潮。

查維茲：掀起社會主義革命旋風

查維茲當選總統前，三分之二的委內瑞拉人生活在貧窮線以下。在查維茲主政下，委內瑞拉儼然「福利國」，曾風光十四年。然而，查維茲所留下的遺產卻因國際油價的波動而大幅縮水。

委內瑞拉蘊藏石油、黃金、鑽石及其他礦產；其中，石油蘊藏量居世界第一，原油出口收入占出口總收入的百分之九十五，是委內瑞拉的經濟命脈。前總統查維茲執政十四年（1998-2013），挾帶石油的豐厚收入，不僅投入社會福利，同時也積極參與國際人道救援，曾一度令委內瑞拉風光不已。

查維茲於二〇一三年在任內過世，由他欽點的接班人馬杜洛（Nicolas Maduro，1962-）採取蕭規曹隨。孰知，近年國際原油價格波動劇烈，二〇一三年每桶一百零一點六七美元，二〇一七年則跌到四十五點八五美元。查維茲仰賴原油出口收入，打造出「福利國」，到了馬杜洛政府全走了樣，從繁華走入蒼涼，經濟急遽惡化，失業率高達百分之七十五，通貨膨脹飆至百分之一千六百，貨幣玻利瓦（bolivar）大幅貶值，民生物資短缺，藥品匱乏，停水斷電，公共建設停擺，國家瀕臨破產之際。

「福利國」竟然走到這樣的地步！商店貨架上空蕩蕩，民眾大排長龍，為了搶購食物而不惜大打出手，甚至搶劫載運食品的貨車……諸多不可思議的景象，與當年查維茲對小布希叫囂的場面形成極大的反差。人民因饑餓而走上街頭，馬杜洛政府卻強力鎮壓，尤其在二〇一七年三月至七月期間，有一百二十五人死於暴動，迫使委內瑞拉提前於二〇一八年五月二十日大選，馬杜洛在爭議中有驚無險再度連任。反對黨領袖瓜伊多（Juan Guaidó，1983-）意圖取代馬杜洛，而於二〇一九年一月宣誓就職臨時總統，並獲美、加等國承認，瓜伊多更趁勢在同年的四月三十日發動軍事政變，最後因支持者太少，政變以失敗收場。

馬杜洛模仿查維茲的穿著，經常以紅襯衫公開露面，也將查維茲神格化。然而，馬杜洛缺乏查維茲的領袖魅力。查維茲過世後，他的查維茲主義（Chavismo）即走下坡，查維茲的遺產還能讓馬杜格以及之後的繼承者撐多久？查維茲當年的政策造成今日委內瑞拉經濟崩壞？或者，查維茲當年的政策只是

▲ 圖為委內瑞拉國徽，於一八三六年正式啟用。國徽中間的盾徽呈現國旗黃、藍、紅三色。紅色部分，有二十株小麥綑在一起，代表團結的二十個州。黃色地方，有劍、佩劍、長矛和兩面國旗，以月桂繫在一起。下方藍色部分，白馬向左奔馳。其實，自這個國徽正式啟用以來，白馬奔騰的姿態與方向曾多次改版，白馬在一九三〇至二〇〇六年間向右奔跑，查維茲於二〇〇六年又將白馬由右改向左奔馳，象徵左派勝利。

海市蜃樓？

查維茲是旋風，是傳奇，畢竟不是神！

查維茲出身中產階級，父母皆為教師，十七歲就讀軍校，軍旅生涯長達十七年，官拜中校。查維茲早年即十分崇拜解放者玻利瓦，而以玻利瓦兩百週年誕辰之名，成立「玻利瓦革命運動-200」（Movimiento Bolivariano Revolucionario 200），宣揚解放精神。一九九二年，查維茲發動軍事政變，行動失敗，遭監禁兩年。查維茲獲釋後，卸下軍職，並積極參與政治。一九九七年，他將「玻利瓦革命運動-200」更名為「第五共和運動」（Movimiento Quinta República），並在左派政黨的支持下，翌年以百分之五十六的得票率當選總統。

查維茲以玻利瓦的繼承人自居，將改革政策定義為「玻利瓦革命」（Revolución bolivariana）。於是，他豎起反自由主義旗幟，高喊反美國帝國主義，提倡「第三條道路」。事實上，玻利瓦從未實施社會主義，甚至為了阻止「大哥倫比亞共和國」瓦解而採取獨裁手段。不過，查維茲要的是一個全拉丁美洲均可接受的先驅，而這非玻利瓦莫屬。

一九九九年，透過制憲議會公投與制憲議會代表選舉，查維茲進行修憲，其中，將國名從原來的「委內瑞拉共和國」改為「委內瑞拉玻利瓦共和國」（República Bolivariana de Venezuela），總統任期從原來的五年延長至六年，由原來的一任改為得以連任一次。二〇〇〇年，在新憲法下，查維茲以壓倒性高票重新當選總統。他過去發動政變未遂，自己也於二〇〇二年四月十一日遭遇流產政變，度過有驚無險的四十八小時。

重新執政後，查維茲指責美國係策動政變的主謀，並追究叛亂人士、整頓媒體。他提出「二十一世紀社會主義」，進行一系列社會和經濟改革，包括：土地改革、國有化政策、掃除貧窮等，贏得底層民眾的支持。他推動社區委員會計畫，以參與式民主宣導改革政策。他以《哈囉，總統》（*Aló Presidente*）電視節目，拉近與民眾之間的距離，充分展現自己的群眾魅力。諸多的改革，引起反對派不滿，而批評他在玩弄民粹主義。

二〇〇六年，查維茲以百分之六十二的高得票率，再度當選總統，查維茲主義達到高峰。他想順勢再次推動修憲公投，內容除了縮短工時、社會救濟、降低投票年齡之外，還包括取消總統只能連任一次的限制。公投結果否定了修憲案，查維茲輸掉他首次的大規模投票。不過，他在二〇〇九年扳回一城，通過總統可以多次連任的提案，而於二〇一二年第四度當選總統。

對內，查維茲將石油的收益用於營造個人形象，補助貧窮人民，提供各項福利。對外，查維茲也以石油為籌碼，援助古巴，換取古巴的醫療外交；援助尼加拉瓜、玻利維亞等國，贏得拉美左派國家的尊敬。

查維茲當選總統前，三分之二的委內瑞拉人生活在貧窮線以下。他所操控的石油政策與二十一世紀社會主義革命，曾燃起委內瑞拉希望，度過十餘年的榮景。很可惜，隨著國際原油價格下滑，委內瑞拉被打回原形！

這兩個男人有共同的理想，曾並肩作戰，也曾共享榮耀，一個締造反美神話，一個成為反美符號。是歷史成就英雄？抑或英雄開創歷史？英雄惜英雄，兩人的故事十分精采，常被拿來相提並論，兩人之間的情誼甚至被渲染成情結。

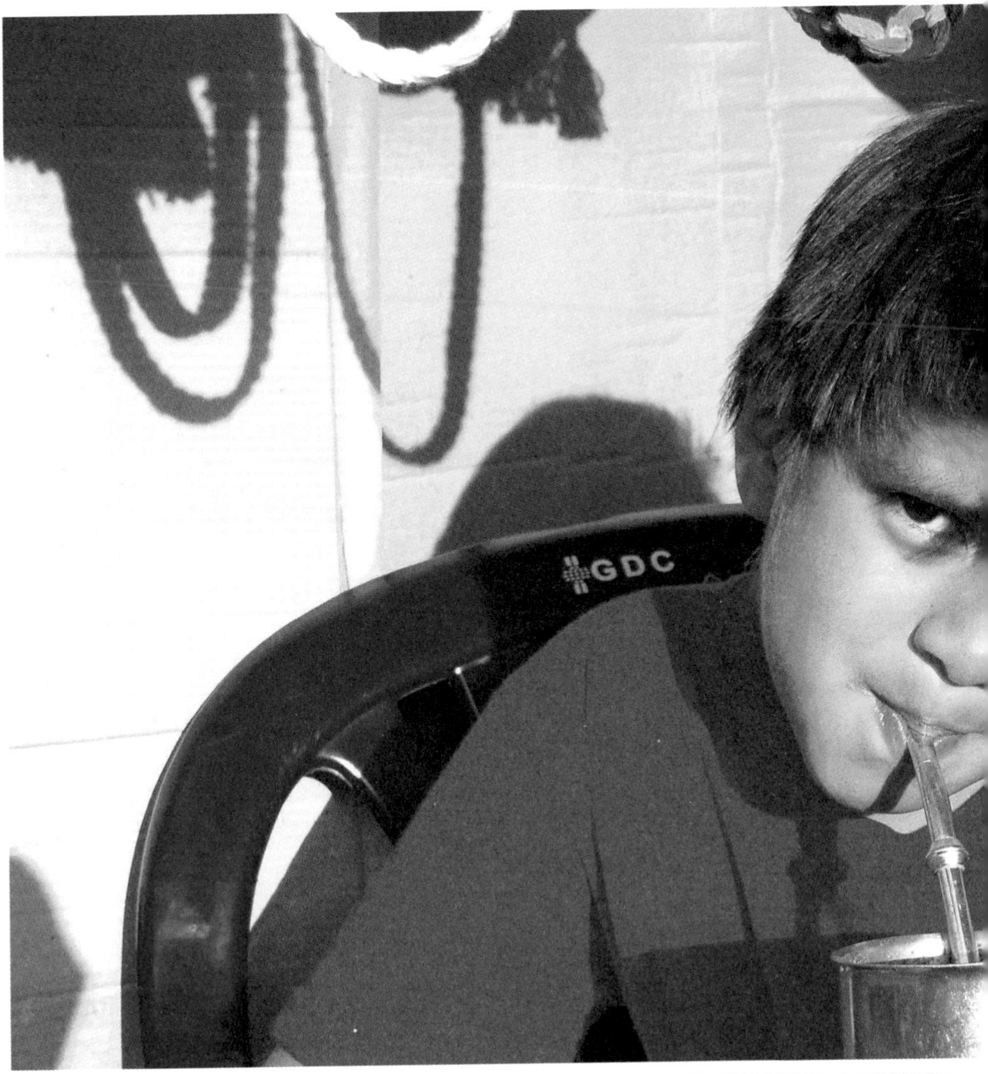

2. Chapter
男人與理想

卡斯楚謝幕：功過歷史自有定論

改寫古巴歷史六十年，卡斯楚終究不敵死神的召喚，以九十歲高齡結束傳奇一生。「歷史將判我無罪」、「無祖國毋寧死」、「社會主義萬歲」、「無社會毋寧死」、「我們不需要帝國的任何施捨」……功過歷史自有定論，但卡斯楚所留下的經典名言，早已迴盪於時空之中。

參與多場戰役，也躲過六百三十八次的暗殺，終究不敵死神的召喚，卡斯楚於二〇一六年十一月二十五日以九十歲高齡結束傳奇一生。

六百三十八次這個數字係來自古巴情報局的檔案，任何危及卡斯楚性命的可疑跡象，均被一一紀錄下來，事實上僅發生一百五十餘次，但也是很驚人的數字。「古巴飛彈危機」（la Crisis de los misiles de Cuba）落幕後，美國保證不入侵古巴，然而，從詹森（Lyndon Baines Johnson，1908-1973）到柯林頓（William Jefferson Clinton，1946-），這幾任美國總統無不想以「暗殺」方式終結卡斯楚的政權，更增添卡斯楚的神祕色彩。

掌權四十七年、獨自對抗十一位美國總統，卡斯楚所締造的紀錄，至今無人能破。哥倫比亞作家賈西亞．馬奎斯曾以「最完美的理想主義者」形容他。卡斯楚善於演講，據統計，他約進行了兩千五百場演講，每次演講總會留下經典名言。對此，英國作家格林（Graham Greene，1904-1991）如此描寫：

> 在演講場合上，卡斯楚彷彿變了一個人似的，變得更深思熟慮。分析過程，坦承錯誤，陳述難處，但最難能可貴的是，他從不低估人民的智慧。

在此回顧卡斯楚的名言，勾勒他那高傲不屈的形象。

一九五三年七月二十六日，卡斯楚首次揭竿起義，不料起義失敗，卡斯楚與弟弟勞爾．卡斯楚（Raul Castro，1931-）等同謀被捕。律師出身的他在法庭上為自己辯護，辯詞時而感性動人，時而慷慨激昂，最後以「歷史將判我無罪」（la historia me absolverá）畫下句點：

> 我知道，堅固無比的牢房將為我而設，牢獄內充滿威脅，以及卑鄙無恥的酷刑，但我不怕，正如我無懼於流氓暴君的怒火，雖然那流氓暴君屠殺了七十位同胞。判我有罪吧！無所謂，歷史將判我無罪。

一九六〇年三月四日，法國籍貨船庫布雷（La Coubre）號抵達哈瓦那，船上滿載比利時製造的武器軍備，在卸貨時突然爆炸，造成七十名工人死亡，兩百人受傷，而這起爆炸案係美國中情局策劃。翌日，卡斯楚為罹難者舉行追思會，大聲疾呼：「無祖國毋寧死」（¡Patria o muerte!）。自此，這句口號深深烙印古巴人的心坎，凝聚了愛國心，同時挑起了反美情緒，也成為他每次演講不斷重複的名言。

一九六一年四月十六日，在美國海軍的掩護下，一千五百名的反革命部隊搭乘五艘美國軍艦，從尼加拉瓜出發，意圖由古巴南部豬玀灣的希隆灘（Playa Girón）和長灘（Playa Larga）登陸古巴。卡斯楚親上戰場，在他的指揮下，古巴軍民與敵軍血戰七十二小時，大敗敵軍，史稱「豬玀灣事件」（la Invasión de Bahía de Cochinos）。面對美國的挑釁，卡斯楚決定賦予古巴大革命社會主義色彩：

> 這是一場民主社會主義革命，係由卑微者攜手合作，為卑微者所發動的革命。讓我們以步槍捍衛社會主義革命！社會主義萬歲！

一九八九年一月一日，在古巴大革命勝利三十周年紀念大會上，卡斯楚高喊：「無社會毋寧死」（¡Socialismo o muerte!）。儘管不久後蘇聯解體，歐洲左派漸趨式微，這句「無社會毋寧死」依舊迴盪古巴各處。

◀ 即便卡斯楚已辭世，至今在古巴街頭、社區仍可見卡斯楚的肖像，而他的名言依然蕩氣迴腸，例如海報下方那句口號：「社區讓我們團結一致」（nos une el barrio）。

fidel
es
CUBA
nos une el barrio

二〇〇四年五月十四日，卡斯楚高聲批評小布希政府，留下英勇戰士最瀟灑的身影：

既然閣下已決定了我們的命運，那麼讓我高興地向閣下道別，就像必須在競技場決鬥的羅馬神鬼戰士一般：來吧！凱撒，那即將死去之人向閣下致敬。我只惋惜無法看到閣下的臉，因為閣下處在數千公里之外，而我則在最前線，以生命捍衛我的國家。

二〇〇六年七月三十一日，卡斯楚因腸胃手術而暫時卸下政權，最後在二〇〇八年二月二十四日正式交棒。十年來，卡斯楚以老革命家身分，埋首書寫反思錄（Reflexiones），似乎要為歷史負責。雖然不再過問政治，但總在關鍵時刻發表意見。二〇一五年一月二十七日，他首次對哈瓦那大學學生提出美、古復交的看法：「我不信任美國的政策，也未與他們交談，但這不表示我拒絕以和平解決衝突。」在歐巴馬（Barack Obama，1961-）訪問古巴之後，卡斯楚在他的反思錄上，寫下震撼的一句話：「我們不需要美帝的任何施捨。」

二〇一六年四月十九日，在古巴共產黨第七次全國代表大會的閉幕式上，卡斯楚意識到來日不多，他說：「這將是我在這間會議廳裡的最後一次致詞。」日薄崦嵫的老革命家依然志氣高邁：「讓我們全力以赴，以高度忠誠及團結力量，改善那將必須改善之處。」

從一九五六年「大鬍子」（barbudos）游擊隊正式成軍到二〇一六年辭世，六十年來，卡斯楚神話與古巴大革命已徹底改寫歷史。是革命英雄？抑或暴君？功過歷史自有定論。失去了精神領袖，古巴的下一步如何走？毋庸置疑，古巴人將高喊卡斯楚的名言：「一定會克服萬難！」（¡Venceremos!）同時大步向前邁進。

▲一九五六年，卡斯楚與「大鬍子」游擊隊員展開一場驚天動地的大革命。圖中卡斯楚坐著，左邊站立者即為卡斯楚之弟勞爾。

卡斯楚與拉丁美洲

他讓一個殖民地脫胎換骨，成為獨立國家。卡斯楚對拉美國家影響深鉅，最後卻以極低調方式告別塵世，因為他深信，包括古巴在內的拉美國家均有自我療癒能力。

二○一六年十一月三十日，卡斯楚的骨灰自哈瓦那啟程，四天內穿越了一千多公里，最後於十二月四日，與古巴國父西斯佩德斯、革命家馬帝一起安息在古巴東部的聖地牙哥（Santiago），這個被古巴視為革命搖籃的城市。卡斯楚謝幕，古巴島內一片肅穆哀戚，而隔著海峽的古裔美人在邁阿密則歡聲雷動。各國領袖對卡斯楚有不同的評價，無論緬懷抑或批評，發言內容考驗著政治人物的智慧，甚至一開始對於是否參加卡斯楚的葬禮也是充滿政治算計。拉美國家現任的總統均十分推崇卡斯楚，不乏拉美重量級的政治人物，現身在這場私人葬禮上。那麼，容我再次以大時代的歷史視角，談談卡斯楚對拉丁美洲的影響。

卡斯楚的首次革命以失敗被捕收場，但他於一九五五年獲大赦出獄，並在那年與同志成立「七二六運動」（Movimiento de 26 de julio）組織。一九五六年十一月二十五日凌晨，卡斯楚所招募

REVOLUCIÓ
es sentido del momento históric
es cambiar todo lo que debe ser cambiad
es ser tratado y tratar a los demás como seres humano
es emanciparnos por nosotros mismos y con nuestros propios esfuerzo
es desafiar poderosas fuerzas dominantes, dentro y fue
del ámbito social y naciona
es defender valores en los que se cr
al precio de cualquier sacrifici
es modestia, desinterés, altruismo, solidaridad y heroísm
es luchar con audacia, inteligencia y realism
es no mentir jamás ni violar principios étic
es convicción profunda de que no existe fuerza en el mund
capaz de aplastar la fuerza de la verdad y las idea
REVOLUCIÓ
es unida
es independenci
es luchar por nuestros sueños de justicia para Cuba y para el mund
que es la base de nuestro patriotismo, nuestro socialism
y nuestro internacionalism
Fidel, el 1ro. de mayo del 20

▲ 對卡斯楚而言，革命具有歷史意義，一旦必須進行改革，就得義無反顧。卡斯楚以革命輸出贏得左派的典範，為古巴拓展國際空間。

的游擊隊員，個個身穿橄欖綠軍服，佩帶「七二六運動」（Movimiento de 26 de julio）袖章，於墨西哥委拉克魯斯（Veracruz）杜斯潘（Tuxpán）河的渡船口，登上葛拉瑪（Granma）號汽艇航向古巴，展開驚天動地的古巴大革命。二〇一六年十一月二十五日，卡斯楚於晚間二十二時二十九分辭世。整整六十年，卡斯楚不僅與歷史同行，他改寫了古巴歷史，同時也改寫拉丁美洲史。

一九六〇年代，拉美國家除了古巴之外，皆陷入冷戰時期的反共迷思裡，左派思想分子被以破壞美洲區域安全而遭鎮壓。此外，貧窮逼得農民只好揭竿起義。拉丁美洲地大物博，怎麼會落入貧窮地步呢？藉用烏拉圭作家愛德華多．加萊亞諾

（Eduardo Galeano，1940-2015）的論述來解釋拉丁美洲的貧窮現象：「農村創造的收益，全花費在城市或流向國外。」的確，農村不僅是貧窮的發源地，也是起義的溫床。中美洲的瓜地馬拉、尼加拉瓜、薩爾瓦多陸續爆發游擊戰，南美洲的哥倫比亞、祕魯等地也出現游擊隊。

一九六四年以降，在美國的運作下，拉美國家紛紛與古巴斷交。以革命譜寫抗暴史詩，是拉丁美洲二十世紀的宿命，而古巴的社會主義改革成效正是拉美游擊隊的仿傚對象。一九六七年，切．格瓦拉在玻利維亞起義失敗而被處決。一九六八年，墨西哥爆發學生運動，約兩百位學生、教師、知識分子遭政府當局鎮壓死亡，一千兩百名被捕。左派、貧窮和革命激起了拉美解放神學運動，一些服務於窮鄉僻壤的神職人員，在親眼目睹人民的貧苦之後，本著人飢己飢的精神，親自走上反抗之路。諸多抗議運動無疑回應了古巴大革命，拉美人口中的「菲德爾」（Fidel）[10]和切．格瓦拉成了革命英雄典範。

一九七〇年代，基於血濃於水的民族情愫，拉美國家陸續與古巴恢復邦交。然而，彼時的巴拉圭、玻利維亞、烏拉圭、阿根廷、智利、巴西等國卻為了迎合美國的反共政策，而實施恐怖軍事獨裁。據統計，約四萬人失蹤，五萬人遇害，五十萬人受到監禁與酷刑。一九八〇年代以降，這些南美洲國家回歸民主制度後，並未以報復手段清算前朝，有些國家如烏拉圭甚至主張「民族諒解」，赦免軍政府時期軍警人員所犯下侵犯人權的罪行。

10 卡斯楚的名字。

▲圖為古巴一個住宅區的牆面，牆上貼著卡斯楚肖像，肖像下方以「青年不敗」（Los jóvenes no fallaremos）鼓舞人民。

一九九〇年代，拉美國家經歷華盛頓共識所主導的新自由經濟政策，任由美國以解決拉美經濟危機為由，藉國際貨幣基金組織、世界銀行、美洲開發銀行干預拉美經濟，結果導致拉美社會不公，加劇貧困問題。拉美國家反過來看古巴，發現這個長期遭受禁運的島國，竟然充滿歡樂，也是拉丁美洲最公平的社會。愛德華多．加萊亞諾如此形容卡斯楚：「一個殖民地能成為獨立國家，他那可以感染民眾的力量是關鍵。」

拉美革命分子漸漸反思武裝抗義的負面結果，改以民主體制的現代革命迎接二十一世紀。二〇〇五年，古柯農出身的莫拉雷斯當選總統，為玻利維亞第一位原住民總統。智利的蜜雪兒．巴切萊特（Michelle Bachelet，1951-）走過軍政府的迫害與流亡後，於二〇〇五年首度當選總統，更於二〇一三年連任總統。二〇一〇年，荷西．穆希卡（José Mujica，1935-）當選烏拉圭總統，他曾加入「圖帕馬羅斯國家解放運動」（El Movimiento de Liberación Nacional-Tupamaros）游擊隊，因此被捕入獄十四年。同樣，巴西前總統迪爾瑪．羅塞夫也曾因加入反獨裁的左翼地下組織而入獄。尼加拉瓜的奧蒂嘉地投入桑定民族解放陣線（Frente Sandinista de Liberación Nacional），在卡斯楚政府的暗助下，進行了十七年的游擊戰，卻以高支持率第四度當選總統。薩爾瓦多的「法拉本多．馬蒂民族解放陣線」（Frente Farabundo Martí para la Liberación Nacional）結束十二年內戰後，轉型成為合法左派政黨，有兩位成員贏得兩次大選，成為民選總統。

告別游擊戰，結束軍政府，拉美國家努力邁向民主改革之路，導正自獨立以來即被扭曲變形的社會。如果古巴未遭禁運，或許就沒有強人卡斯楚，而古巴應可早日正常化，但會比現況更好嗎？這都是假設議題，無從比對印證。

雖然卡斯楚對拉美國家影響深鉅，但包括古巴在內的拉美國家，均有自我療癒與自我修正的能力，不必特別強調卡斯楚的貢獻，強人以極低調方式告別塵世，頗有智慧！

卡斯楚與切．格瓦拉之間：情誼？情結？

卡斯楚與切．格瓦拉之間的情誼，甚至心結，常被外界拿來大作文章。有人認為切與卡斯楚理念相左，因此離開古巴。質言之，沒有卡斯楚就沒有切，無論情誼、抑或情結，均增添兩人的傳奇。

卡斯楚與切．格瓦拉之間是否有瑜亮情結？切．格瓦拉才會因此出走？外界喜歡拿兩人之間的情結大作文章，果真如此嗎？事實不然。

一九五五年，卡斯楚兄弟獲古巴政府特赦後，為了籌備游擊隊而流亡墨西哥。彼時，古巴革命分子瑪麗亞．安東妮亞．貢薩雷斯（María Antonia González，1911-1987）位於墨西哥城的住家，是許多古巴流亡人士經常聚集之處，共商革命大業。一九五五年七月，透過勞爾．卡斯楚的安排，在瑪麗亞．安東妮亞家中，卡斯楚與切．格瓦拉首次見面。那一夜兩人促膝長談逾十小時，事後切．格瓦拉在給父母的家書上寫道：

在阿茲特克的土地上，再度遇見我在瓜地馬拉所認識的一些「七二六運動」成員，並結識了菲德爾的弟弟勞爾。勞爾向菲德爾推薦我，他們計畫入侵古巴……我與菲德爾徹夜長談，當東方肚白，我已成為他未來遠征軍的隨隊醫生。的確，走遍了拉丁美洲，以及經歷瓜地馬拉事件後，我毫不猶豫加入革命行動對抗暴君，我對菲德爾印象深刻，他氣宇軒昂。

顯然，卡斯楚慧眼識英雄，首次會面即邀請切．格瓦拉加入他的游擊隊。對切．格瓦拉的第一次印象，卡斯楚則回憶說：

我記得他的穿著十分簡樸。當時的他，受氣喘之苦，經濟相當拮据……他的個性和藹可親，也很積極進取，應該說是馬克思主義者，雖然尚未加入任何政黨。自從聽過大家談論切之後，我意識到他能贏得大家的友誼。在這樣的前提之下，我認識了他，也說服他加入葛拉瑪號遠征軍。

古巴大革命勝利後，古巴政府於一九五九年二月九日特令授予切．格瓦拉古巴公民身分，感謝他在革命戰爭中的貢獻。切．格瓦拉曾擔任古巴社會主義革命統一黨中央領導人、國家銀行總裁、工業部部長，也代表古巴出訪多國。一九六五年，切．格瓦拉祕密出訪剛果後，即於同年四月離開古巴，他寫了一封信向卡斯楚告別，帶著一百名古巴志願軍前往剛果進行解放之戰。這段期間，由於切．格瓦拉並未出席古巴任何重要活動，再加上中央委員會的名單上也沒有他的名字，外界開始出現各種流言，卡斯楚與切．格瓦拉絕裂的謠言甚囂塵上。

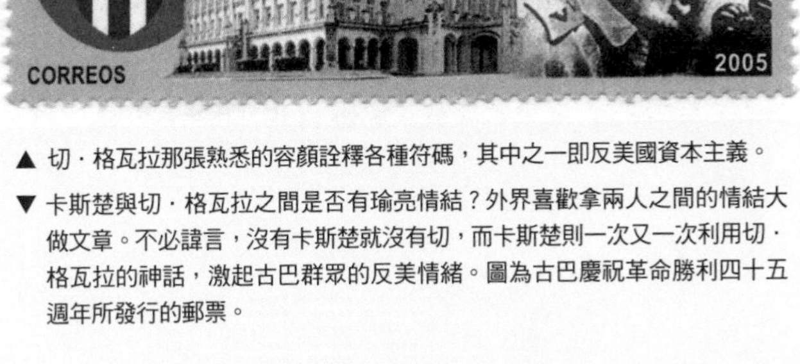

▲ 切．格瓦拉那張熟悉的容顏詮釋各種符碼，其中之一即反美國資本主義。

▼ 卡斯楚與切．格瓦拉之間是否有瑜亮情結？外界喜歡拿兩人之間的情結大做文章。不必諱言，沒有卡斯楚就沒有切，而卡斯楚則一次又一次利用切．格瓦拉的神話，激起古巴群眾的反美情緒。圖為古巴慶祝革命勝利四十五週年所發行的郵票。

一九六五年十月，卡斯楚公開切．格瓦拉的告別信：

菲德爾：

此時，我腦海浮現許多陳年往事，想起在古巴革命家瑪麗亞．安東妮亞家中與你初識的情形，當時你提議，我附議，以及接下來籌備工作時的緊張心情。某天大家問起，如果死了，要通知誰？這個可能會成真的事實衝擊了眾人。事後，我們印證這一點都不假，參加革命不是勝利就是捐軀（如果這是一場真正的革命），許多同志甚至在勝利之前就陣亡了。

……

世界其他地方召喚我貢獻力量。你必須擔負領導古巴的重責大任，但我可以做你所不能做的工作，因此，我們分別的時刻到了。

……

礙於篇幅有限，在此謹節錄部分內容。卡斯楚一公開這封告別信後，兩人不合的傳言依舊，甚至懷疑卡斯楚別有用心，藉這封信宣判切死刑，令他從此在古巴政壇上除名。切．格瓦拉出走前，不只向卡斯楚辭行，他還寫了數封信，分別向父母、兒女和其他同志道別。若無心走向解放之戰，何必向至親好友訣別呢？

一九六五年十一月，剛果解放之戰失利，切．格瓦拉撤退至坦桑尼亞，在古巴駐坦桑尼亞大使館逗留一陣子，後來轉往捷克。一九六六年七月，卡斯楚祕密安排切．格瓦拉返回古巴。以革命解放貧窮國家的理想仍然魂縈夢牽，切．格瓦拉決定以玻利維亞為革命基地，再度告別了卡斯楚和家人，帶著十七名古巴志願軍，於一九六六年十一月七日潛入玻利維亞山區，進行他人生的最後戰役。

一九六七年十月八日，切．格瓦拉的游擊隊遭玻利維亞軍方圍堵，隊員紛紛被擊斃，切．格瓦拉的一條腿受了傷，彈盡援絕，終於束手就擒。隔天，切．格瓦拉遭槍決。同年十月十五日，卡斯楚在電視上證實切．格瓦拉的死訊，同時宣布古巴舉國哀悼三天，訂定十月八日為「英勇游擊隊員日」（Día del Guerrillero Heroico）。那一年的十月十八日，哈瓦那革命廣場上湧入百萬人悼念切．格瓦拉。不必諱言，卡斯楚將切．格瓦拉的神話推向高峰；然而，有心人士又抨擊卡斯楚，認為他一次又一次利用切．格瓦拉的神話，激起群眾的反美情緒。

事實上，沒有卡斯楚的資助，切．格瓦拉無法進行剛果和玻利維亞的游擊戰。換言之，沒有卡斯楚就沒有切．格瓦拉。一九九七年七月，切．格瓦拉的遺骸被尋獲，並運回古巴，長眠於聖塔克拉拉（Santa Clara）。當年，他與古巴大鬍子游擊隊員在聖塔克拉拉大勝政府軍，為古巴武裝起義劃下完美句點，聖塔克拉拉被封為「切之城」（la ciudad del Che）。

如今，卡斯楚也作古了，安葬之前，卡斯楚的骨灰行經聖塔克拉拉，在切．格瓦拉的墓園暫留一宿，兩大巨頭彷彿重返昔日時光，在墨西哥城徹夜促膝談心。情誼？情結？所有的恩怨煙消雲散。

切・格瓦拉：游擊隊員？文學家？

到底要盡醫生天職？還是履行革命軍的義務？眼前有一袋藥品及一箱子彈，兩樣同時背負，太過沉重，無法行動，最後我拿起子彈……

一九六〇年三月五日，卡斯楚為庫布雷號爆炸案的受難者舉行追思會，切・格瓦拉也出席了追思會。古巴攝影家柯達（Alberto Korda，1928-2001）自遠處悄悄按下快門，捕捉了一系列珍貴鏡頭，其中，有一張切的半身照，被題為「英勇游擊隊員」（Guerrillero Heroico）。影中人頭戴貝雷帽，雙眸凝視遠方，神情鬱鬱，鬍髭零亂，流露出波希米亞式的頹廢，軍服拉鍊拉到頸部，絲毫不減游擊隊員的英雄本色。

一九六七年夏天，義大利出版業者費爾特利尼利（Giangiacomo Feltrinelli，1926-1972）到古巴，並拜訪柯達的工作室，柯達贈予他兩張「英勇游擊隊員」照片。同年十月九日，切・格瓦拉於玻利維亞遭處決後，費爾特利尼利立即將「英勇游擊隊員」照片印刷成海報，據信，海報在半年內銷售量

▲ 切·格瓦拉的生命停格在三十九歲，而這張代表英勇游擊隊員的容顏辨識度高，幾乎無人不知、無人不曉，導致世人過於強調他的英雄本色，而忽略文學長才。

達一百萬張。經過媒體的渲染與複製技術的傳播，這張照片廣為流傳，甚至不斷被變形仿製，幾乎到達無人不知、無人不曉的地步。

不必諱言，各界對切·格瓦拉一生作為有兩極化的論戰。或為偏激顛覆分子、或為英勇游擊隊員、或為反美革命分子、或為浪漫理想主義者，切·格瓦拉三十九歲短暫生命掀起狂飆，拜柯達所賜，這陣狂飆持續不下，從政治議題飄颺至流行界，成為一個崇拜符號。

在「商品化」與「神格化」的推波助瀾下，切·格瓦拉宛若

「超級巨星」，世人似乎過於強調他的傳奇，雖不至於忽略他的革命理念、哲學思想，卻鮮少探討其文學素養。切．格瓦拉喜歡作詩，也善於書函、文評、隨筆、故事集，只是這些文學創作多數未曝光，導致其文學長才被政治風采掩蓋。

出身於阿根廷生活富裕的中產階級，以醫生為志業，切．格瓦拉熱愛風雅，書寫是興趣之一。一九五一年，與好友艾柏托．葛納多斯（Alberto Granados，1922 -2011）騎著機車「強力二號」（La Poderosa II）一起探險南美洲。切．格瓦拉紀錄了不可思議的瘋狂旅程，寫下追求理想的青春熱情。這本日記爾後被題為《革命前夕的摩托車日記》（*Notas de Viajes: diarios de motocicleta*），雖為年輕人的追夢之旅，但日記內容並非旅行瑣碎記載，而是一名年輕人的蛻變歷程，已具隨筆之風，行文走筆間流露出道德、勇氣、沉著、機智、幽默和氣度：

> 重新踏上阿根廷土地的那一刻起，寫日記的人已死。那個鋪陳、琢磨日記的人，「我」，已不是我；至少，內在的我已非那一個過去的我。隨意浪跡在我們「大美洲」上，我的蛻變超乎想像。

一九五五年七月的某一個夜裡，在墨西哥城，卡斯楚與切．格瓦拉首次見面。七月正值墨西哥雨季，海拔兩千四百公尺的高原城市，入夜後寒氣襲人，但兩人熱血激昂。兩人那場的歷史性會面，徹底改寫切．格瓦拉的人生，而走上革命之路，事後在日記寫道：

▲切・格瓦拉能文能武，打高爾夫、下棋都是他喜歡的娛樂。

在墨西哥城的一個寒冷夜晚，我會見了他。我記得，我們首次談話內容圍繞在國際政治上。從深夜至拂曉，短短數小時裡，我儼然未來遠征隊的一員。

於是，以隨軍醫生的身分，切．格瓦拉跟著卡斯楚的革命軍，登上葛拉瑪號前進古巴。但是，在槍林彈雨中他改變了初衷，日記上紀錄選擇醫藥箱或子彈的心情：

一名同伴掉了一箱子彈在我的腳邊，我提醒他，清晰記得當時他以焦慮的表情告訴我，現在無法顧及子彈……或許那是第一次必須面臨抉擇，到底要盡醫生天職？還是履行革命軍的義務？眼前有一袋藥品及一箱子彈，兩樣同時背負，太過沉重，無法行動，最後我拿起子彈……

文人氣質襯托出切的與眾不同，正當大鬍子游擊隊遭政府軍包抄，一顆子彈劃過切．格瓦拉的頸部，生死攸關之際，他想起傑克．倫敦（Jack London，1876 -1919）的一則故事：「故事的主人翁一旦得知自己即將凍死在阿拉斯加的冰天雪地，便倚著一棵大樹，以求光榮結束生命。」因此，他為自己留下一句名言：「寧願站著死去，也不願跪去求饒。」（Prefiero morir de pié a vivir arrodillado.）

這就是切．格瓦拉，交織著文人氣質與英雄本色！

切．格瓦拉：以文字譜寫生命樂章

他利用休歇時刻，或坐在樹上、或倚身營地寫下這十一個月來的點點滴滴，敘述內容含括天氣、海拔、事件、心理感受、閱讀心得、思想深處……

在古巴大革命期間，切．格瓦拉用他那小到難以辨識的醫生字跡，紀錄游擊戰過程，仔細分析每日的戰況，記下缺失、批評、反責。日後靠著筆記，再寫出充滿革命性、教育性以及人文內涵的作品，例如：《古巴革命紀實》（*Pasajes de la guerra revolucionaria*）、《論游擊戰》（*La Guerra de Guerrillas*）等。

一九六五年，切．格瓦拉到剛果進行了八個月的游擊戰，最後鎩羽而歸。面對排山倒海而來的批評聲浪，他不氣餒，翻閱作戰時的日誌，分析革命失敗原因，撰寫了《剛果革命紀實》（*Pasajes de la guerra revolucionaria: Congo*），藉文字自我反省。一開卷，切．格瓦拉毫

▲ 古巴流通兩種貨幣，一是古巴披索（Peso Cubano），為古巴國民使用；另一種是「可兌換古巴披索」（Peso Cubano Convertible），供外國人使用，類似外匯券。圖為古巴國民所使用的三披索紙鈔，紙鈔上出現切．格瓦拉那熟悉的容顏。另外，「可兌換古巴披索」面額三披索的紙鈔，亦以切．格瓦拉為圖案。

不諱言，承認剛果革命徒勞無功：

> 這是一部失敗的歷史。雖然淪為閒聊的話題，但因為涉及戰事，於是帶著反思與批判精神，提出評析。吾人認為，這段論述的重要性，即可做為下次革命的殷鑑。勝利來自正面經驗，失敗亦同，尤其那與整件事有關的特殊情況：外籍行動者及情報人員，甘冒生命危險，深入一片陌生且語言不通的土地，僅靠無產階級國際主義的牽線，即展開一場從未經歷過的現代解放戰爭。

有了剛果的經驗，切．格瓦拉決定以自己最熟悉的拉丁美洲為基地，將革命思想傳播至世界。一九六六年十一月七日，他抵達玻利維亞的良加瓦蘇（Ñacahuasú）山區，一如往昔，拿起行事曆，以飄逸潦草字跡滿心歡喜寫下第一句話：「今日展開新里程。」

《玻利維亞日記》（*El diario del Che en Bolivia*）是切．格瓦拉的最後手稿。他利用休歇時刻，或坐在樹上、或倚身營地寫下這十一個月來的點點滴滴，敘述內容含括天氣、海拔、事件、心理感受、閱讀心得、思想深處，文字簡單扼要，甚至在一九六七年五月十五日僅寫下「平安無事的一天」，偶而也有長篇記載，並於每個月底提出該月省思。字字樸實，句句真誠，反映出最原始的感情，蘊藏訊息、隱喻、符碼，紀錄「本我」與「自我」的對話情緒，透露出書寫時的孤獨。

一九六七年十月七日被捕前夕，切在日記上寫道：

自游擊隊成軍以來，至今已滿十一個月了，情況不複雜，還頗有田園味道；中午十二點三十分，一名牧羊老嫗將羊群趕到我們所紮營的峽谷，必須拘留她。老嫗並未提供任何有關政府軍的可靠消息，她表示什麼都不知道，說她已好一陣子沒路過那裡

▲ 切．格瓦拉熱愛攝影，他自己反而成為許多攝影師追逐的目標。

▼ 圖為紀念切．格瓦拉逝世三十五週年所發行的古巴郵票，切．格瓦拉的容顏彷彿文字，流露理想、勇氣、熱情與氣度。

了。[……]下午五點三十分，印弟、安尼西多、巴布羅陪老嫗回家，家中有一個生病臥床的女兒，還有一個半侏儒的女兒；隊友給了她五十塊披索，要求不准洩漏半點消息，至於老嫗是否信守承諾，我卻一點把握都沒有。在慘澹月色下，我們十七人疲憊的走著，一路上在峽谷留下太多行蹤。附近沒有住家，只有引自溪澗灌溉的馬鈴薯田。凌晨兩點，我們停下來休息，因為再前進毫無益處。[……]

日記中充滿「時間」性。一開始時間顯得倉促，由過去的十一個月匆匆飛馳至當下。筆鋒一轉，時間刻意眷戀當下，速度十分緩慢，藉由「十二點三十分」、「下午五點三十分」、「凌晨兩點」刻劃冗長的日子。登上「海拔二千公尺」，切．格瓦拉就在「慘澹月色」下完成這天的日記。

走走停停、打打殺殺、讀讀寫寫，切．格瓦拉在動靜之中譜寫生命樂章。所謂「動」係指他身體力行：遊歷美洲，加入古巴大革命，為古巴效勞，到剛果、玻利維亞傳遞革命思想。「靜」則指他大量閱讀、不斷反省、勤於書寫，每次有所作為後即埋頭伏案，以文字闡述思想與理念。

誠如他自己的名言：「人會死，但思想永不滅。」（Podrán morir las personas, pero jamás sus ideas.）切．格瓦拉留給世人的記憶，不只是摩托車之旅的青春日記，也不只是煙塵彌漫的游擊戰生涯，更不只是一張張定格於三十九歲的英雄容顏，而是一冊冊充滿人道主義的思想文字。如果切．格瓦拉未加入卡斯楚的大鬍子游擊隊，他會是出色的醫生嗎？雖無法證實，但應該是一位出色的作家。

拋開革命英雄的英俊容顏，切．格瓦拉的文采與思想也同樣精采。

誰是出賣切．格瓦拉的猶大？

他選擇了一個地理環境與古巴山區類似的基地，意圖實踐革命中心理論。孰料，不僅無法召募到千軍萬馬，並且受困在山區之中，孤獨面對失敗，到底失敗原因為何？是有人出賣了他？還是他個人的判斷錯誤？

許多人不瞭解切．格瓦拉，但崇拜他。也有許多人討厭切．格瓦拉，卻不得不承認他有領袖魅力。那麼，一個極具領袖魅力的游擊隊司令，竟然無法召募到千軍萬馬，而在山區中孤獨面對失敗，到底失敗原因為何？是有人出賣了他？還是他個人的判斷錯誤？

切．格瓦拉分析剛果戰爭失利的原因之後，決定以他最熟悉的拉丁美洲重新開始，選擇玻利維亞做為游擊隊基地，實踐他的革命中心理論（foquismo），最後將革命之火延燒至阿根廷等鄰近國家。在西班牙殖民時期，玻利維亞被稱為「上祕魯」，曾爆發多次原住民起義事件，是拉丁美洲獨立運動的起源地之一。未投入古巴革命之前，切．格瓦拉在第一次的摩托車之旅，即在安地斯山區親眼目睹礦工的悲慘生活。因此，切．格瓦拉深信武裝革命應可引起玻利維亞農工階級的迴響。

在行動之前，切．格瓦拉派遣人員先行勘察地形，在卡拉納維（Caranavi）、良加瓦蘇（Ñacahuasú）

分別買下莊園，以提供游擊隊糧食。良加瓦蘇人煙稀少，位於玻利維亞東南部山區，因良加瓦蘇河流經該地而得名。有水源又是地處偏僻的山區，當地農民生活相當貧困，地理環境與古巴大鬍子游擊隊所占領的山區看似一致。幾經考慮，最後選定良加瓦蘇莊園為游擊隊訓練基地。

卡斯楚的大鬍子游擊隊得以短短兩年光景解放古巴，可說是天時地利人和。卡斯楚運籌帷幄，贏得山區農民大力支援，再加上「七二六運動」成員於各地響應革命，建立有效的城市革命據點。雖說拉美國家彼此有相同血緣的民族情愫，但對玻利維亞人而言，切．格瓦拉仍是「外國人」，需要具有領袖魅力的玻利維亞民族英雄，共同號召全國各地的有志之士投入革命。起初，玻利維亞共產黨第一書記蒙赫（Mario Monje Molin）被賦予這樣的角色。一九六六年十二月三十一日，蒙赫抵達切．格瓦拉的游擊隊基地，與切．格瓦拉會談起義計畫。蒙赫表示，既然起義行動發生在玻利維亞領土上，政治軍事指揮權由他擔負。但是，切．格瓦拉不從，因而造

▲ 切．格瓦拉象徵反美國資本主義的圖騰，然而，印有切．格瓦拉容顏的T恤、貝雷帽、貼紙、卡片卻是熱賣商品，似乎頗為諷刺，其實若能藉這些商品更瞭解切．格瓦拉，亦是好事一樁。

▶ 圖為古巴內政部大樓，外牆上以鍛鐵塑出切．格瓦拉的容顏，並題上那句耳熟能詳的名言：「迎向勝利，直到永遠。」（Hasta la victoria siempre）

成切．格瓦拉的民族解放游擊隊與玻利維亞共產黨貌合神離，部分玻利維亞共產黨員並有異心，令切．格瓦拉腹背受敵。

玻利維亞農工多數為原住民，除了西班牙語外，並兼用原住民母語，例如：印加帝國時代的官話克丘亞語、瓜拉尼語、艾伊瑪拉（aimara）語、奇基多（chiquito）語等。游擊隊員必須學習原住民語言，才能與當地居民打交道，切．格瓦拉在一九六七年一月十一日的日記中寫道：

> 我們開始學克丘亞語。

拉丁美洲的歷史、族群、語言、文化、習俗、社會，包含政治環境等，其複雜程度遠超乎外界的想像，即便是拉丁美洲人，不見得真正認識拉丁美洲。事實上，切．格瓦拉對玻利維亞的瞭解不夠。雖然玻利維亞曾為印加帝國的轄區，克丘亞語是最普及的原住民語言，但切．格瓦拉的行動範圍已進入瓜拉尼語系，語言障礙成為游擊隊失敗的因素之一。玻利維亞雖為獨立運動起源地之一，但解放思潮尚未遠颺至窮鄉僻壤，居民對游擊隊的出沒感到恐懼，不但不支持武裝革命，甚至向政府當局告密。切．格瓦拉在日記中多次提及游擊隊行蹤曝露：

> 或許農夫已發現我們的蹤跡，從現在開始，必須倍加小心謹慎。（一九六七年二月十一日）

> 夜裡，一名莊稼漢的兒子不見踪影，可能向政府軍密告去了……（一九六七年四月十七日）

一部玻利維亞國家油礦公司的小卡車正在檢視我們的足跡，同時一名農人向他們提供情資，表示看見我們於晚間出沒……（一九六七年四月二十一日）

起義期間，切．格瓦拉寫了五份公報，均無法喚起玻利維亞人民的認同感，更遑論建立城市革命據點。尤其他針對「聖胡安大屠殺」（Masacre de San Juan）事件撰寫〈第五號公報〉，向礦工招手，呼籲別一再運用錯誤戰術而白白犧牲生命，卻依然無法召募礦工投入麾下：

同志們：

悲慘無產階級的鮮血又再一次灑滿我們的礦區。經歷數百年來的剝削，礦工的奴隸血液不是被吸乾殆盡，就是因為抗議不公而面臨血流成河的宿命，不幸事件不斷循環重演。

……

礦工同志，玻利維亞民族解放軍的游擊隊正展開雙手等候你，邀請你加入勞工地下組織，與我們共同作戰。由於農工聯盟遭反人民分子的煽動而潰散，我們將在此重組農工聯盟，不僅他日反敗為勝，無產階級遺孀將破涕，淚水化成一曲勝利之歌。我們等候你。

古巴經驗完全沒複製到玻利維亞。此外，準備不周，行跡敗露而被迫放棄良加瓦蘇莊園，並提前展開軍事行動，在陌生山區漫無目的游移，為日後失敗埋下伏筆。

切·格瓦拉的致命性判斷

玻利維亞當地居民不斷告密，游擊隊員彼此不睦、軍心渙散、健康不佳、背棄叛逃……諸多事件早就預知失敗結局；然而，切·格瓦拉仍沉浸在理想主義裡。此外，迷宮般的戰區阻斷了游擊隊對外通聯的管道，切·格瓦拉僅靠著收音機隱約拼湊出軍方的部署計畫，但軍方採聲東擊西策略，讓切·格瓦拉產生錯覺，而步步踏上死亡之路。

切·格瓦拉的玻利維亞民族解放軍成軍之初有十七人，歷經十一個月，到被捕前夕又只剩十七人，戰到最後僅五人倖存並得以逃離戰區。人數最多時，達到四十七人，除了切·格瓦拉是阿根廷籍之外，成員主要為古巴籍和玻利維亞籍，以及四名來自法國、祕魯和阿根廷的訪客。與卡斯楚的大鬍子游擊隊最初的八十二人相較之下，這支四十七人的解放軍並非所有成員都有戰鬥能力。才成軍，隊員之間的相處頗為不睦，有經驗的古巴隊員擔任前鋒，負責山區最艱辛的開路工作和最危險的伏擊戰，不僅彼此時有口角，與玻利維亞成員也偶有爭端。玻利維亞隊員則未接受嚴格的軍事訓練，軍心渙散，頻頻出錯，當游擊隊進行行軍訓練時，即有兩人因不諳水性而淪為波臣，游擊戰正式拉開序幕之後，有人驚慌失措，甚至在後期戰事告急之際，又有兩人叛逃。

一九六七年三月，四名訪客來到游擊隊基地，即：綽號華仔（El chino）的祕魯人璜．巴布羅．張（Juan Pablo Chang Navarro Lévano，1930-1967）、法國人德布萊（Régis Debray，1940-）、阿根廷人布斯托斯（Ciro Roberto Bustos Marco，1932-2017）和妲妮亞（Tania）。華仔是祕魯民族解放軍領導人，係華人後裔。德布萊為當時法國左派青年，赴玻利維亞協助切．格瓦拉召募游擊隊員，也負責切．格瓦拉和古巴之間的聯繫工作。布斯托斯是畫家，加入阿根廷游擊隊，是切．格瓦拉在阿根廷的祕密聯絡人。妲妮亞本名為達瑪拉．邦柯．拜德（Tamara Bunker Bider，1937-1967），出生於阿根廷，父親是東德人，母親乃波蘭人，後來入籍東德，與切．格瓦拉相識於古巴，並擔任切在玻利維亞的聯絡人。

四人進入基地不久後，游擊隊與軍方即正式開戰，切．格瓦拉只好將他們編入中路，由他親自帶著一起行動，待占領鄰近城鎮後再讓他們自行撤離。然而，妲妮亞與幾名隊員身體出現不適，嚴重影響整支隊伍的移動速度。切．格瓦拉於是重新編組，讓後衛隊長華金（Juan Vitalio Acuña Núñez，1925-1967）於四月十九日先護送德布萊和布斯托斯離開戰區後，再率領部分的後衛和其他傷兵，前往指定地點與切．格瓦拉會合。切．格瓦拉預估兩隊將於三天後會合，孰知，這一分手，兩隊被山林阻隔，始終無法會合。八月三十一日，華金的後衛隊中了埋伏，悉數遭殲滅，妲妮亞也在其中。

德布萊和布斯托斯離開游擊隊的隔天，便被玻利維亞軍方逮捕。兩人遭刑求逼供，有可能向軍方透露切．格瓦拉在玻利維亞。其實，兩人被捕等於斷絕了切．格瓦拉的對外通聯，尤其與古巴之間的聯繫。德布萊和布斯托斯在一九七〇年才獲赦，一度背上出賣切的罪名。隨著時光流逝，德布萊從左派青年轉變成反革命人士。二〇〇七年，在切．格瓦拉逝世四十周年時，布斯托斯曾公開否認向玻利維亞軍方畫出切．格瓦拉的畫像；他表示，無論抽著雪茄、抑或叼著煙斗，無論蓄著鬍鬚、抑或留著長髮，切．格瓦拉的長相十分容易辨識，他不必多此一舉替軍方勾勒切．格瓦拉的容貌。

至於華仔，迫於當時的情勢發展，而留在游擊隊裡，跟在切．格瓦拉身邊。華仔有夜盲症，戴著厚重眼鏡但視力依舊模糊，再加上耳沉和跛足，對游擊隊助益有限。總體而言，最後僅存的十七名隊員，有人在上次戰役中受了傷尚未痊癒，也有人因長期脫水與營養不良而虛弱無比，更有人罹患重病已是氣若游絲。游擊隊根本沒有戰鬥力可言。更為甚者，還有四名玻利維亞共產黨員完全不適任，切．格瓦拉在日記

中以「廢人」稱之，認為這四人不配享有游擊隊員的榮譽，但又怕他們叛逃，只好將他們留在游擊隊裡。其中兩人終究利用伏擊戰脫逃，早已萌生退意的兩人被軍方俘虜後，還是出賣了切．格瓦拉，供出情資。

為何切．格瓦拉會失敗？不能一味的歸咎於玻利維亞居民的告密、或玻利維亞共產黨員的異心、或玻利維亞共產黨第一書記蒙赫的不支持，當然也不能全怪罪於德布萊和布斯托斯。那麼，到底問題出在哪裡？游擊隊員粗心將作戰日記遺留在舊營區，妲妮亞進入基地之前所駕駛的吉普車被玻利維亞軍方發現……諸多事件早就預知失敗結局；然而，切．格瓦拉仍沉浸在理想主義裡。此外，迷宮般的戰區阻斷了游擊隊對外通聯的管道，切．格瓦拉僅靠著收音機隱約拼湊出軍方的部署計畫，但軍方採聲東擊西策略，讓切．格瓦拉產生錯覺，誤以為軍方無法掌握游擊隊的行蹤，而步步踏上死亡之路。

▲切．格瓦拉深入玻利維亞山區進行人生最後一戰，他將山區作戰點滴寫在日記裡。透過日記與幾張照片，後人窺見他在山區如何陷入苦戰。

▶切．格瓦拉彷彿大哥一般，連在哈瓦那的市場牆上也可看見他那戴著貝雷帽、叼著雪茄的形象，與肉攤上價目表毫無違和感。

切・格瓦拉的背包

切・格瓦拉被捕時，背包裡有什麼物品呢？背包裝的不只是理想，也承受著孤獨。十一個月來，背包裡的那本綠色筆記本應該是益友良伴，撫慰了孤獨，陪他度過生命的尾聲。

一九六七年十月八日拂曉四點，切・格瓦拉的游擊隊一路踟躕而行。天亮後，就在溪澗旁飲水解渴之際，被無花果村（La Higuera）的村長兒子窺見而敗露行跡。駐紮附近的玻利維亞軍方，接獲密告之後立即派遣兩連士兵，外加一支飛行中隊，傾力圍剿這最後的十七人。從白晝到日落，游擊隊受困於猶羅（Yuro）峽谷，結果四人陣亡，三人被捕，其他十人暫時僥倖突圍。

切・格瓦拉就是三名俘虜之一，他的 M-2 步槍壞了，手槍子彈用完，右腿中彈，得靠人攙扶，狼狽不堪。入夜，三人被押解到無花果村的一所小學，被分別監禁，翌日旋即遭處決。

逮獲到這位被美國視為最危險的共產主義分子，玻利維亞軍方歡喜欲狂，急於展示戰利品，打開切・格瓦拉的背包後，發現裡面有：十二捲底片、二十張以彩色鉛筆標記的地圖、一個壞了許久的手提收音機、一本綠色筆記本、兩本行事曆。另外，軍方還從他身上搜出煙斗、手錶、水壺、索尼根匕首、德國點四五口徑手槍、美鈔與玻利維亞披索（peso boliviano）[11]。

那兩本行事曆是他的日記，紀錄了游擊隊的作戰點滴，被視為重要文件，由玻利維亞軍方保管，後來影本流出，輾轉送交卡斯楚手中，經過仔細判讀辨識，古巴於一九六八年出版這本日記，題為《玻利維亞日記》（*El diario del Che en Bolivia*），由卡斯楚親自為老戰友寫序，向世人展現英雄事蹟。自此，《玻利維亞日記》引起全球極大騷動，一版再版，且被迻譯為多國語言，臺灣的中譯本即由我翻譯。

至於那綠色筆記本，是一本手抄詩選，玻利維亞軍方認為無關軍情且毫無價值，而隨意丟棄。筆記上布滿潦草筆跡，密密麻麻抄寫了塞薩爾．巴列霍（César Vallejo，1892-1938）、聶魯達（Pablo Neruda，1904-1973）、尼可拉斯．奇彥（Nicolás Guillén，1902-1989）、里昂．菲利浦（León Felipe，1884-1968），四位重要詩人的作品，共計六十九首。

為何有這麼一本筆記本呢？據信，切．格瓦拉進行游擊戰時，除了軍備外，總會準備一些書籍，為了減輕背包重量，於是抄下詩作，伴他踏上革命之路。

二〇〇七年，切．格瓦拉逝世四十周年後，這本綠色筆記本終於曝光，由墨西哥西伊斯巴拉爾

11 玻利維亞披索為一九八六年以前的玻利維亞貨幣。一九八六年以降，改為玻利維亞諾（El Boliviano），流通至今。

（Seix Barral）出版社付梓，題為《切的綠色筆記本》（*El cuaderno verde del Che*），讓讀者更認識切・格瓦拉的文學修養。當年在古巴山區進行革命時有《歌德》（*Goethe*）以及數本馬克思主義書籍相伴。在玻利維亞山區則有「詩選」相隨，陪他度過生命的尾聲。

孤獨本身就是一首詩。胼手胝足，刻苦耐勞、堅忍不拔、冒險犯難……是游擊隊員必須學習的基本課題；只是，一旦困困於迷宮般的險峻山區，再加上飢餓、口渴、疾病、死亡等磨難，當初的戰鬥力已被消耗殆盡，隊員的人性弱點一一浮現，驕傲、自私、貪婪、散漫、猜忌、懦弱、背叛……至於切・格瓦拉個人的情緒，也隨著戰事告急與氣喘發作而劇烈起伏。

的確，背包裡裝的不只是理想，也承受著孤獨。十一個月來，背包裡的那本綠色筆記本應該是益友良伴，撫慰了孤獨。他應該利用休歇時刻，或坐在樹上、或倚身營地閱讀，藉閱讀暫時忘卻煩憂。六十九首詩，六十九種心情。綠色筆記本裡的四位詩人，分別代表四種風格，也投射出四個不同樣貌的切・格瓦拉：憂鬱、熱情、風趣與堅毅。

巴列霍的〈黑人傳令官〉（Los heraldos negros）道盡了生命挫折的無奈，也傳遞了曲折人生的宿命。奇彥的〈第六號頌樂〉（Son número 6）歌詠混血文化與土地包容的理想世界，而〈一隻長長的綠鱷魚〉（Una largo lagarto verde）勾勒出古巴的和風、太陽、海水與蔗園，令他彷彿在詩中瞥見留在古巴的妻小，也讓他義無反顧堅持於革命。他藉聶魯達的〈絕望的歌〉（La canción desesperada）飛越挫敗的幽谷，以〈獻給玻利瓦的頌歌〉（Un canto para Simón Bolívar）悼念捐軀的戰友。

他振作精神，將孤獨放回背包，儼然唐吉訶德，執著於理想主義，再度跨上坐騎駑騂難得（Rocinante），執起盾牌，踏上勝算渺茫的征途，菲利浦的〈偉大冒險〉（La gran aventura）縈迴腦海：

時光流轉四百年……
駑騂難得已精疲力竭。
年復一年陰暗且殘酷的冒險……
步步踏在崎嶇蜿蜒的歷史道路。

四位詩人，四種風格，四個不同樣貌的切．格瓦拉：憂鬱、熱情、風趣與堅毅。再加上左派思想、政治迫害、流亡他鄉等共通性，切．格瓦拉在綠色筆記中找到自己的影子。

▲ 二○○七年，切．格瓦拉逝世四十周年後，他個人的詩選終於由墨西哥西伊斯巴拉爾出版社付梓，題為《切的綠色筆記本》，讀者不僅可藉六十九首詩選了解他的風雅，也知道原來在他的背包裡，還有一本個人的詩選伴他到生命的尾聲。

▶ 圖為各種版本的《玻利維亞日記》。在切．格瓦拉被處決後，他的最後手稿引起美國、玻利維亞的注意，試圖從中找到任何軍事機密。

亙古以來，男人對女人總是存著複雜情感，正反互見。不必諱言，女人是男人的支柱，再強悍的男人也渴望聖母的精神指引！堅韌、服從、包容與付出刻劃了女人的傳統形象，動力、愛情、智慧和道德則淬鍊出女人的內在特質。只是，我們對女人的故事著墨不多，也不想深入探究，導致她們被淹沒於歷史洪流。

3. Chapter
女人與智慧

美洲的母親：聖母瓜達露佩

聖母瓜達露佩象徵時間縱軸，與阿茲特克的大地之母合體，貫穿前哥倫布文明與美洲現代歷史；聖母瓜達露佩也代表空間橫軸，從歐洲到美洲，隨著文化拓殖，美洲與基督有了共同的母親。

天主教信仰中，聖母瑪利亞具有崇高地位，是基督之母，保有無染原罪，因此天主教教會尊她為「教會的母親」。聖母多次顯靈，天主教教會亦根據神蹟，獻給聖母瑪利亞不同的尊稱，例如：聖母瓜達露佩（Virgen de Guadalupe）、聖母法蒂瑪（Virgen de Fátima）等。聖母瓜達露佩的奇蹟始於中世紀，在西班牙埃斯特雷馬杜拉（Extremadura），一名牧羊人於瓜達露佩河（Río Guadalupe）畔，發現一尊松木雕成的聖母像，而名為聖母瓜達露佩。聖母像呈現坐姿，高五十九公分、重四公斤，直到一三三七年才被供奉於當地的一間小修道院內。爾後，越來越多的教徒一旦面臨危難或戰事，必會祈求聖母瓜達露佩。

一四九二年，哥倫布在探險加勒比海時，將小安地列斯群島中的一座島嶼取名為瓜達露佩[12]，

12 或譯為「瓜德羅普」。

而這座小島至今仍為法國的海外省。一五二一年，來自埃斯特雷馬杜拉的柯爾提斯（Hernán Cortés，1485-1547），在征服阿茲特克時，將家鄉的聖母瓜達露佩繪於軍旗上，祈求戰事順利。

天主教信仰隨著征服者進入美洲，教會在拓殖初期擔任重要角色，不僅負起傳道工作，使印地安人和其他人種皈依天主教，也負起語言教育和知識傳授的工作。傳教士更深入蠻荒地帶，建立教區，

▲ 圖為墨西哥畫家荷西．莫達（José Mota）所繪的聖母瓜達露佩像，聖母頭戴冠冕、身披藍綠色斗篷。一七四六年，聖母瓜達露佩被尊為「新西班牙」的主保，也是墨西哥獨立運動的精神指引。

▲聖母瓜達露佩的影響不只侷限於信仰，亦擴及藝術、文化與文學。圖為兒童版的聖母瓜達露佩，鑲在化妝鏡盒上，使用者隨身攜帶兼具護身符功能。

協助仍以狩獵、採集為生的族群定居下來，協助殖民政府拓展疆域、鞏固政權。天主教信仰雖然根植美洲，卻受到原住民文化的濡染而產生變形，不僅崇敬儀式入境隨俗而貼近原住民習慣，甚至聖像繪製與雕刻亦出現本土化色彩，而聖母瓜達露佩則為明顯一例。

一五三一年十二月九日，一名已皈依天主教的印地安人璜．迪亞哥．瓜特拉托亞沁（Juan Diego Cuauhtlatoatzin，1474-1548），路經墨西哥特佩雅克（Tepeyac）山時，聖母向他顯靈，並要他轉告主教在這座山上興建聖母院。璜．迪亞哥上報主教聖母顯靈一事，但主教表示需取得信物才能相信神蹟。十二月十二日，聖母再度顯靈，要璜．迪亞哥摘下特佩雅克山頂上的玫瑰花，以斗篷包裹送給主教。璜．迪亞哥登上山頂，荒蕪的山頂竟然開滿芬芳的玫瑰花。璜．迪亞哥在主教面前攤開斗篷，斗篷浮現身披藍綠色斗篷的聖母像，然而，聖母的皮膚黝黑，容顏彷彿原住民婦人。

特佩雅克山原為阿茲特克大地之母托南沁（Tonantzinc）的聖地，天主教聖母以印地安婦女的容顏顯靈，不僅令原住民深信大地之母托南沁藉天主教聖母重生，更讓天主教信仰在原住民部落裡迅速推廣。於是，天主教教會將顯靈於美洲的聖母名為瓜達露佩，並建造聖殿供奉。一五五四年，墨西哥發生瘟疫，約一萬兩千人喪命，據信，天主教教會在求助聖母瓜達露佩後，疫情急遽減緩。自此，一有瘟疫或天災，殖民政府無不祈求聖母瓜達露佩，並數度動土建興聖母院。一七三七年，瘟疫再次肆虐墨西哥，天主教教會因而宣布聖母瓜達露佩為「新西班牙」（Nueva España）[13]的主保。

瓜達露佩源自阿拉伯文，為「愛河」之意，具有「光明指引」涵意，係最普遍的名字，不僅可為女性或男性命名，同時亦可當成姓氏。毋庸置疑，墨西哥是沙文主義社會，然而，陽剛男性社會仍得臣服於女性的溫柔、美德與智慧，只是男人昇華了這些女性優點，轉而崇敬聖母瓜達露佩。仿傚柯爾提斯的做法，伊達爾戈（Miguel Hidalgo，1753-1811）神父也以聖母瓜達露佩形象作為解放旗幟的圖騰，吹起墨西哥獨立戰爭的號角，冀望解放西班牙父權杜會，只是這個聖母不是歐洲的母親，而是美洲的母親。的確，當男人決一死戰，不容兒女情長英雄氣短，但怎可少了溫柔母親的愛護與指引？

聖母瓜達露佩象徵時間縱軸，與阿茲特克的大地之母合體，貫穿前哥倫布文明與美洲現代歷史；聖母瓜達露佩也代表空間橫軸，從歐洲到美洲，隨著文化拓殖，美洲與基督有了共同的母親。

13 西班牙征服者消滅阿茲特克帝國後，於一五二一年建立「新西班牙總督轄區」（Virreinato de Nueva España），以墨西哥城為首府。在西班牙征服者的拓殖下，管轄範圍擴及美國加利福尼亞州、內華達州、猶他州、科羅拉多州、亞利桑那州、新墨西哥州、德克薩斯州，以及中美洲和亞洲的菲律賓。

阿波羅的第十位繆思

阿波羅有九位繆思，分別掌管九項藝術。但是，在十七世紀的墨西哥出現第十位繆思，她在麵粉裡玩起陀螺來，研究著陀螺所畫出的圓圈，並批評說：若亞里士多德懂得烹飪，會寫出更多作品。

一六五一年，在墨西哥城外七十公里處的一個小鎮，誕生了一名小女娃，取名璜娜·伊內絲·德·亞斯巴赫－拉米雷斯（Juana Inés de Asbaje y Ramírez，1651-1695，以下簡稱璜娜）。女娃係私生女，生長在小康的克里歐優家庭裡。

璜娜自孩提時代便展露文學天賦，由於當時的知識大多以拉丁文撰寫，為了取得拉丁文這把開啟智慧與真理的鑰匙，她於一六五九年隻身前往墨西哥城，冀望就讀皇家暨教皇大學（La Real y Pontificia

▲ 修會是成聖的必經之道，也是探究真知之路，璜娜為了追求智慧，而投身修會。

▶ 做菜時，璜娜充滿科學研究精神，她好奇為什麼雞蛋在滾燙的熱油中不會分散，卻在糖漿中破碎，她並批評說：若亞里士多德懂得烹飪，會寫出更多作品。

Universidad）。皇家暨教皇大學係美洲最古老的大學，乃貴族子弟高談闊論、男人談詩論藝之地，當然不允許一名年僅八歲的女娃入學。秀外慧中的她，拉丁文文法僅學了二十課，即掌握了這個古老語文，並開始以拉丁文寫詩，聲名傳遍墨西哥城。

西班牙貴族亞瓦雷茲（Antonio Sebastián Álvarez de Toledo y Salazar，1608-1715）受封為曼塞拉侯爵（Marqués de Mancera），奉國王之命，於一六六四年赴墨西哥擔任「新西班牙」第二十五任副王。曼塞拉侯爵性情隨和，夫人溫柔婉約，一聽到墨西哥城裡有位才貌雙全的奇女子，便將她延攬入宮，擔任侯爵夫人的女伴。

娉娉嫋嫋十三餘，她的美貌、她的文才、她的聰敏，立即贏得曼塞拉侯爵夫婦的歡心，而稱她為「寵兒」（niña mimada）。為了炫耀璜娜的才華，侯爵特地邀請四十名飽學之士與璜娜進行一場「科學比試」（cienftica lid），比試持續了二十天，試題包羅萬象，從拉丁文到數學，從文學到音樂，從宗教到哲學，從天文到地理。小丫頭的才智讓那四十位老學究目瞪口呆，侯爵將這場比試結果比喻成一艘「皇家戰艦」（galeón real）擊潰一群小船（chalupas）。

受制於封建氛圍，現實環境不允許漸漸長大的她鎮日寫詩作詞，十七世紀的女人終究要走入廚房，那麼是要走入百姓家的廚房？還是修道院的廚房？璜娜毅然決然投身修會，因為根據天主教的古老傳統，加入修會是成聖的必經之道，同時也是探究真知之路；換言之，修會意味著知識寶庫。即便在修會的廚房裡忙碌，璜娜視廚房為思想的溫床、創作的搖籃，廚藝對她而言，絕非雜役，而是知識的啟蒙；於是，她在麵粉裡玩起陀螺來，研究著陀螺所畫出的圓圈，並批評說：若亞里士多德懂得烹飪，會寫出更多作品。作詩寫詞之餘，璝娜也紀錄了十七世紀的修會飲食文化，將修會食譜書寫成冊。

然而，即使隱身於修會，璝娜的才華仍不容於專制的父權社會，有感於此，她常藉詩作質疑當時男女不平等的雙重標準，卻屢遭大主教亞基雅（Francisco de Aguiar y Seijas，1632- 1698）告誡，斥責她不研讀天主教奧義，卻沉迷於世俗文學。一六九一年，正是多事之秋，墨西哥瘟疫肆虐，處處哀鴻遍野。大主教亞基雅數度藉機要璝娜捐款救災，最後索性不許她再專研學問，下令取走她個人的四千冊藏書、文具、樂器、科學儀器，悉數變賣，美其名救濟窮人。此舉對一位終生追求智慧的人而言，無疑是晴天霹靂。哀莫大於心死，四年後，璝娜染上瘟疫，再加上被剝奪求知權，使病榻上的她失去

▲ 璝娜三歲時與家人遷居亞美加美亞（Amecameca），寄居於外祖父的巴諾阿亞莊園（Hacienda de Panoaya）五年之久。莊園至今仍保存良好，成為觀光勝地，璝娜雕像立在莊園一角。

▼ 外祖父的莊園是典型的殖民地建築，廚房十分講究，空間寬敞，設有多個爐灶。廚房對一般婦女而言是美食實驗室，但對小璝娜則是科學實驗室。

求生意志，不久後便病逝，結束四十三歲短暫一生。

璝娜的作品十分豐富，不僅數量多，文體亦相當多元，有當時流行的書信體，也有散文、韻文、喜劇和宗教劇；堪稱墨西哥最偉大的巴洛克女詩人，被譽為「第十位繆思」或「墨西哥鳳凰」，也被奉為拉美女性主義先鋒。其實，璝娜像極了塔裡的女人，她將自己禁錮在修道院裡，在圖書館裡，在廚房裡，在房間裡；封閉的空間宛若「子宮」，而璝娜彷彿蜷曲其間的胎兒，在孤寂中探索太初。

▲ 圖為巴諾阿亞莊園的天井一景。若外祖父的廚房是小璝娜的科學實驗室，書房是她的知識寶庫，而天井就是她朗誦詩歌的聖地。

大地之母的勇氣

在充滿陽剛的獨立戰爭中，不容女性直接參與軍事行動，若女人有機會上戰場殺敵，必定如大地之母一般驚天動地，以獨立、自主、無畏和道德勾勒出生命的韌性。

翻開拉美歷史，女人是隱性分子，也是孤寂個體，卻在無聲無息中展現不平凡。尤其在獨立戰爭中，男人展現英雄本色，女人也巾幗不讓鬚眉，流血流汗共同為民主國家催生。

古巴詩人馬帝在其散文〈三位英雄〉（Tres héroes），頌揚玻利瓦、聖馬丁及伊達爾戈，三位十九世紀拉美獨立解放運動先驅。文中，馬帝還另外以「自由女性」形容多明格茲夫人（Josefa Ortiz de Domínguez，1768-1829）。當年墨西哥起義行動走漏風聲，由於多明格茲夫人冒險通知伊達爾戈，才在西班牙人來不及防範下，順利點燃獨立戰火。

在充滿陽剛的獨立戰爭中，不容女性直接參與軍事行動，卻也不得不讚揚女人的氣魄。女人默默支持戰事，如多明格茲夫人等，即可成就大事；若女人有機會上戰場殺敵，像璜娜．亞蘇杜伊（Juana Azurduy，1780-1862）中校一般，儼然大地之母，驚天動地。

古巴作家卡本迪爾（Alejo Carpentier，1904-1980）在〈美洲的神奇事實〉（Lo real maravilloso americano）一文中，記下璜娜．亞蘇杜伊的英勇事蹟，她的步履、她的名字鏤刻於永恆，如神話色彩般，蔚成美洲的神奇事實，與尋找長生不老泉的探險家、醉心於黃金國的淘金客、反抗強權的百姓、爭取獨立的英雄，一起留名青史。

一七八〇年，璜娜．亞蘇杜伊出生於玻利維亞的一個傳統天主教家庭，父親為白人大地主，母親則是混血兒。當時的玻利維亞被稱為「上祕魯」，與阿根廷、巴拉圭、烏拉圭等地，共同被劃分為「拉布拉他總督轄區」（Virreinato del Río de la Plata）。由於父母早逝，璜娜十二歲時入修院當見習修女，卻因天生反骨而在十七歲被逐出修院。一八〇五年，嫁給巴迪亞

▲ 璜娜．亞蘇杜伊巾幗不讓鬚眉，上戰場殺敵，她的英勇事蹟曾一度被歷史遺忘。圖為玻利維亞紙鈔，穿著軍服的璜娜．亞蘇杜伊位於左邊。

（Manuel Ascencio Padilla，1774-1816）軍官，當夫婿於一八〇九年投入獨立戰爭之際，也注定她必須為南美洲的解放運動付出一切。

首先，家產被西班牙殖民政府充公，璜娜與四名子女為了躲避殖民政府的追緝而四處遷徙，四名年幼子女也一一死亡。後來，璜娜與丈夫在玻利維亞山區會合，並與丈夫並肩作戰，展現軍事長才。她的勇氣與智慧，成功解放了波托西（Potosí），也因而晉升為中校。熟料，丈夫巴迪亞於一八一六年捐軀，頭顱被西班牙軍隊高掛在戰戟上，而她身懷六甲，一人獨自面對激烈戰事。待小女兒出生後，仍持續為獨立運動而戰。

她是「上祕魯之花」，以獨立、自主、無畏和道德勾勒出生命的韌性；因此，玻利維亞山區的印地安人不叫她璜娜，而稱之「帕恰媽

▲在阿根廷的紙鈔上，璜娜．亞蘇杜伊高舉手中長劍，儼然大地之母，令敵人震懾。

媽」（Pachamama），即印加文化的大地之母。烏拉圭作家愛德華多．加萊亞諾在《女人》（*Mujeres*）中寫道：

> 璜娜騎馬馳騁在高山上和男人正面交鋒。她神聖的天藍色披肩在風中飄揚。她一手勒緊轠繩，另一隻手握劍殺敵。

一八二五年，玻利維亞解放了，璜娜卻要不回被充公的家產，變得身無分文。為了獨立運動，她失去一切，包括丈夫、四個小孩，以及家產，必須窮苦度過後半輩子。她享年八十二歲，死後被草草葬在公墓裡，無人聞問。相較於璜娜的乖舛命運，其他獨立戰爭英雄，或被尊為解放者、或被視為國父、或擁有統治權、或占據歷史扉頁。

晚近，史學家為她作傳，文學家為她寫書，音樂家為她譜曲，英勇事蹟搬上大銀幕，也拍攝成電視連續劇。歷史終於給了她定位，在阿根廷和玻利維亞，紙幣、郵票上出現她的肖像，地名、機場、機構、組織等以她命名。與璜娜一樣，尚有許多女人投入獨立戰爭，只是，在父權宰制之下，我們對女人的故事著墨不多，也不想探究，導致歷史上少了她們的位置！

多蘿蕾斯：從目不識丁到原住民運動領袖

「我們宛如荒野上的芒草，雖然遭拔起，但仍會再生。」「我們彷彿風中的藜麥，一旦落單零散，就會被風吹走，如果結集於大袋子之中，風便奈何不了我們。雖然我們仍會搖搖晃晃，但不會被打倒。」她為厄瓜多所創造的歷史，堪稱前無古人，後無來者，尤其她那句句蕩氣迴腸的名言。

在陽剛的拉美社會裡，女人習慣默默付出，面對不公平待遇也總是暗暗忍受；不過，一旦有機會讓她們出頭，表現絕對勝過男人，甚至驚天動地。的確，綜觀拉美歷史，無論獨立戰爭抑或社會革命，女人的貢獻頗多，不僅是男人背後最大的支柱，也是社會安定的力量，更悄悄為拉美女權主義寫下重要扉頁，更難能可貴的是，原住民婦女並未在社會運動中缺席。

厄瓜多的原住民人口約一百萬，占全國人口的百分之七，與祕魯、玻利維亞相較之下雖然原住民人口少，但卻出現多位原住民人權鬥士，其中包括多蘿蕾斯・卡爾戈（Dolores Cacuango，1881-1971）等幾位女性，為原住民受教權、生存權與土地改革而投入社會運動。不必諱言，有賴原住民婦女的長期抗爭，才得以左右當時的政治局勢，進而協助男性左派領袖組織工會、勞工同盟、厄瓜多印地安人聯盟等。

在厄瓜多東北部有一個名為聖伯多祿德卡揚貝（San Pedro de Cayambe）的村落，當地主要生產花卉、蔥、馬鈴薯、小麥等作物，也發展乳牛等畜牧業。由於農、牧業需要大量勞力，殖民時期的大莊園制（latifundio）依舊存在。多蘿蕾斯的父母即為當地聖保羅屋爾庫大莊園（latifundio de San Pablo Urcu）的農奴。所謂農奴，係不支薪的變相奴隸。生在這樣的家庭，她注定得踏上父母的後塵，棲身茅廬，目不識丁，只操克丘亞語。少女時代的多蘿蕾斯為了替父母還債而前往首都基多，在有錢人家裡幫傭，也因此才開始自學西班牙文。

多蘿蕾斯嫁給同樣社會階級的農奴路易士．卡圖爾巴（Luis Catucuamba），與丈夫生下九個小孩，其中有八個孩子因病早夭，僅有長子順利長大成人。她的社會參與係受到同村的一個印地安人所啟發。據信，這個印地安人名為胡安．阿爾巴莫丘（Juan Albamocho），他喬裝成乞丐，坐在律師事務所門前乞討，偷聽律師之間的對話。胡安．阿爾巴莫丘回到村落後向村民表示，惟有透過法律才能保護原住民，村民於是著手研究法律，思索如何讓政府為原住民訂定相關保護法令。

此外，多蘿蕾斯聽聞多起昔日原住民的起義事蹟，漸漸重視社會運動。一九二六年，多蘿蕾斯當時已經四十四歲了，她卻毅然決然參與生平第一次社會運動，反對大莊園的剝削。在厄瓜多政府同意原住民組織工會之前，多蘿蕾斯多次冒著生命危險，無懼於大莊園主與軍隊的血腥鎮壓，號召一些婦

▲一個目不識丁的原住民婦女以四十四歲的「高齡」，參與生平第一次社會運動，自此，她為了替原住民伸張正義而顛沛流離。

女共同參與起義行動。在經過一九三一年的激烈抗爭，多蘿蕾斯終於協助男性同胞順利組成工會，並奠定她女性領袖地位，在往後的社會抗爭行動中她總是勇往直前。一九六四年，厄瓜多政府頒布土地改革法，她雖然不甚滿意，但為了肯定政府的善意，她率領一萬名卡揚貝原住民前往基多，並在大學劇院發表一場扣人心弦的演講。

除了工會組織、勞工權益、土地改革等議題外，多蘿蕾斯也關心原住民的受教權，因而與另一名原住民女性領袖瑪麗亞・露意莎・葛梅斯・德拉托雷（María Luisa Gómez de la Torre）在各地工會成立原住民學校。由於她的共產主義色彩濃厚，多次遭政府迫害，所棲身的茅廬不是被燒，就是被毀。在她八十二歲高齡時，仍得四處躲避政府的追緝。

多蘿蕾斯的晚景頗為孤寂，甚至被遺忘，最後於一九七一年辭世，享年九十歲。晚近，厄瓜多為了感念她的貢獻，壁畫家將她與其他民族先賢一同繪在立法宮（Palacio Legislativo）的牆面上，在家鄉聖伯多祿德卡揚貝也有一幅展現她那堅毅容顏的壁畫。目不識丁的村姑蛻變為原住民婦女運動領袖，多蘿蕾斯為厄瓜多所創造的歷史，堪稱前無古人，後無來者。多蘿蕾斯最令人欽佩之處，除了她的勇氣之外，就是她那些至今仍令人蕩氣迴腸的名言，例如：

> 我們宛如荒野上的芒草，雖然遭拔起，但仍會再生。

> 我們彷彿風中的藜麥，一旦落單零散，就會被風吹走，如果結集於大袋子之中，風便奈何不了我們。雖然我們仍會搖搖晃晃，但不會被打倒。

女礦工的柔情抗議

二〇一七年，恰巧是「聖胡安大屠殺」五十週年，也是切．格瓦拉逝世五十週年。回顧玻利維亞的礦工抗爭史，在面對獨裁與剝削時，男人與女人所採取的方法大相逕庭。切．格瓦拉的游擊隊在山區苦戰十一個月，仍無法推翻獨裁政權；多蜜迪拉以柔性革命，竟然讓軍政府垮臺！

玻利維亞的波托西省蘊藏豐富礦產，在西班牙殖民時期主要開採銀礦，二十世紀以降則以錫為主。一如拉丁美洲其他礦區，一個個天坑破壞天然景觀，同時採礦所造成的環境汙染，嚴重威脅自然生態與人體健康。長久以來處於非人道狀態，每個礦場的抗議事件層出不窮，然而，礦場公司在政府的撐腰下很快弭平抗議行動，「二十世紀礦場公司」（Mina Siglo XX）即為一例。

「二十世紀礦場公司」成立於一九一〇年，一九五二年被收歸國有，一九八七年封礦，共走過七十七年的歷史。「二十世紀礦場公司」曾於一九六七年血腥鎮壓礦工，在玻利維亞礦工血淚史中留下最不堪的一頁，而這個悲劇的發生與切．格瓦拉的游擊行動有間接關係。一九六七年六月，玻利維亞政府一心想盡速終結切．格瓦拉的游擊行動，恰好，「二十世紀礦場公司」的礦工於這段期間發生罷工抗議事件，玻利維亞政府擔心礦工受到切．格瓦拉的蠱惑而加入游擊隊，為了避免切．格瓦拉的游擊隊壯大，總統巴利安多斯（René Barrientos，1919-1969）於是以「礦工支持游擊隊」為藉口，下令以軍隊鎮壓礦工。

一九六七年六月二十三日夜裡，礦工聚集於村落的廣場，通宵達旦，準備歡慶隔天的聖胡安節。翌日拂曉，玻利維亞軍隊進入村落，瘋狂向手無寸鐵的礦工開槍掃射，造成二十人死亡、七十二人受傷的悲劇，史稱「聖胡安大屠殺」。事後，切．格瓦拉在山區裡得知這個悲劇，撰寫了〈第五號公報〉，向礦工傳遞革命思想，冀望礦工能投入游擊隊，但是結果不如預期。事實上，玻利維亞礦工並未有揭竿起義之心，只是以罷工方式，為生態浩劫、過長工時與己身健康提出訴求。

據瞭解，真正的死傷人數遠超過官方公布的數字。在事件發生時，一個名為多蜜迪拉（Domitila Barrios de Chungara，1937-2012）的礦工家眷，同時也是抗議領袖之一，被以辱罵軍方為由逮捕。多蜜迪拉當時懷有身孕，卻在陰暗的牢房內遭到酷刑，導致流產。

多蜜迪拉出生在「二十世紀礦場公司」管轄的村落卡達維（Catavi）。父親從事裁縫工作，為礦區內的警衛縫製制服。由於母親體弱多病，她自幼即在礦區充當童工，幫助家計；十歲喪母，她挑起照顧五個弟妹的重擔。多蜜迪拉後來嫁給礦工為妻，從那時起，她積極參與礦工家眷組織，成為礦工背後最堅毅的支持，並逐漸展現領導天賦。「聖胡安大屠殺」落幕後，她更堅定走向這條漫長的抗爭之路。

多蜜迪拉看似一般的玻利維亞婦女，僅小學畢業，年紀很輕即結婚，共生了十一名小孩，但有四個早夭，其中包括那個在獄中流產的小孩。然而，她的見識與膽識令人欽佩，而她所說過的話，句句扣人心弦，例如：「一旦男人與女人合作無間，即可獲得重大變革。」或者：「我們最大的敵人是恐

▲ 切・格瓦拉以武力決一死戰，仍無法推翻獨裁政權；多蜜迪拉以柔性革命，竟然讓軍政府垮臺！

懼，而那存在我們的心中。」

一九七八年底，多蜜迪拉與另外四位婦女前往首都拉巴斯，進行絕食抗議。起初，沒人相信她們能堅持下去，也不認為她們可以改變政府。其實，這五個女人出身貧窮，早就習慣挨餓。首先，耶穌會神父路易斯．埃斯皮納爾（Luis Espinal，1932-1980）加入她們的絕食抗議；接著，群眾紛紛響應，不久就有一千五百人參與絕食；後來，加入絕食抗議的民眾達上萬人，甚至擴及全國各地，如此氣勢終於撼動了獨裁政府，迫使當時的總統班塞爾．蘇亞雷斯（Hugo Bánzer Suárez，1926-2002）於一九七九年舉行總統大選。五個女人有滴水穿石的堅韌性格，確實令人刮目相待。

但好景不常，軍政府又於一九八〇年死灰復燃，多蜜迪拉只好流亡國外。兩年後她返國，依舊為勞工權益奔波，抗議社會不公、經濟剝削與政治迫害。她成立「格瓦拉主義運動」（Movimiento Guevarista），曾被提名諾貝爾和平獎候選人，寫了兩本書為勞工發聲，也成立工會養成行動教室。二〇一二年，這位礦工家眷、勞工領袖、人道主義者與女權主義者，終於不敵病魔而去世。由於多蜜迪拉乃玻利維亞民主化過程中最重的人物之一，總統莫拉雷斯宣布舉國為她哀悼三天。

二〇一七年，恰巧是「聖胡安大屠殺」五十週年，也是切．格瓦拉逝世五十週年。回顧玻利維亞的礦工抗爭史，在面對獨裁與剝削時，男人與女人所採取的方法大相逕庭。切．格瓦拉的游擊隊在山區苦戰十一個月，仍無法推翻巴利安多斯政權；多蜜迪拉以柔性革命，竟然讓班塞爾．蘇亞雷斯軍事政權垮臺！

佳布蕾拉．密斯特拉：拉美首位諾貝爾文學獎桂冠

她曾是鄉村小學的助理教師，後來成為拉丁美洲首位諾貝爾文學獎桂冠，也是目前拉丁美洲唯一獲得這項殊榮的女性作家。她終身未嫁，卻散發母親的堅毅形象與慈愛光輝，並將「愛」這個主題發揮得淋漓盡致。

不必諱言，拉丁美洲女性十分有能耐，在各行各業均表現不俗，只因在父權的宰制下，光芒全被蓋住了。截至目前，拉丁美洲西語國家共計十七人，在醫學、化學、文學與和平四個領域裡，獲得諾貝爾獎；其中，文學獎與和平獎各有一位女性得主。在文學獎方面，智利女詩人佳布蕾拉．密斯特拉（Gabriela Mistral，1889-1959）於一九四五年獲得這項殊榮，不僅是拉丁美洲首位諾貝爾文學獎桂冠，也是拉丁美洲目前唯一的女性得主。至於和平獎，即為一九九二年的得主，瓜地馬拉人權鬥士莉可韋塔．門楚．頓（Rigoberta Menchú Tum，1959-）。

「佳布蕾拉．密斯特拉」是筆名，名取自義大利作家佳布里埃爾．鄧南遮（Gabriele D' Annunzio，1863-1938），姓則取自一九○四年諾貝爾文學獎得主法國作家腓特烈．密斯特拉（Frédéric Mistral，1830-1914），兩位都是她師法的對象。她的本名很長，為「路西拉．德．瑪麗亞．德爾．貝娥佩圖奧．

索科羅・戈多伊・阿爾卡亞加」（Lucila de María del Perpetuo Socorro Godoy Alcayaga）。

佳布蕾拉出生於智利中北部一個名為維庫尼亞（Vicuña）的小城。父親是小學老師，才華洋溢，創作了一些詩，有放蕩不羈的波希米亞式性格；母親從事女裝設計，嫁給父親之前，已和他人生了一個女兒，且年紀比父親大了許多。佳布蕾拉三歲時，父親離家出走，而讓一家人的經濟陷入困頓。佳布蕾拉的知識幾乎是自學而來，雖然父親在她的成長過程中缺席，佳布蕾拉卻從父親留下的詩句得到啟發，不僅熱愛詩歌，似乎有意藉詩歌重建父女之情。不過，她早期的詩，被當地保守派視為充滿異教氛圍與社會主義色彩。

佳布蕾拉的同母異父姐姐係小學教師，她受此影響，早年即以教育為志業。起初，佳布蕾拉在鄉村小學擔任助理教師，不久後便正式在一些城鎮任教。一九一〇年，佳布蕾拉移居首都聖地牙哥，獲智利大學教育學院頒發教師資格證書，接著她轉往各地任教，後來甚至擔任校長，並以教育家的身分出訪世界各國。值得一提的是，她在一九二二年，應墨西哥公共教育部部長瓦斯康塞洛斯（José Vasconcelos，1882-1959）之邀，赴墨西哥參與國民教育改革，而墨西哥行更令她體會到教育的重要性，尤其兒童與婦女的受教權。一九三三至一九五三年期間，她投入外交工作，赴馬德里、里斯本、洛杉磯等地，出任智利駐外領事。

佳布蕾拉在二十歲時，曾經歷過一段令她痛徹心扉的戀情。她深愛一名鐵路雇員，但鐵路雇員辜負了她，意圖與另一名女子結婚，卻因挪用公款借給朋友，而朋友未能及時還錢，導致鐵路雇員舉槍

▲ 智利首都聖地牙哥的一處公共壁畫，闡述佳布蕾拉．密斯特拉如母親般的堅毅形象與慈愛光輝。

▶ 佳布蕾拉．密斯特拉是拉丁美洲首位諾貝爾文學獎桂冠，也是拉丁美洲目前在文學獎方面，唯一的女性得主。圖為印有佳布蕾拉．密斯特拉肖像的智利紙鈔五千披索。

自戕。情人的負心與身亡，嚴重打擊著她，於是她將絕望昇華為不朽的詩篇，於一九一四年寫下《死亡的十四行詩》（*Los sonetos de la muerte*），藉此抒發她當時的情境，而《死亡的十四行詩》竟為她贏得聖地牙哥「花賽詩會」（Juegos Florales）大獎，同時為她開啟寫作之路。自此，她以「佳布蕾拉．密斯特拉」的筆名驚豔文壇。

佳布蕾拉對拉美作家影響深鉅，其中包括聶魯達與帕斯（Octavio Paz）[14]。她在獲得「花賽詩會」大獎後，前往特穆科（Temuco）教書，彼時有一個相當靦腆的十歲小男孩，主動向她請益，那就是日後揚名文壇的聶魯達。智利兩位未來的諾貝爾文學獎桂冠竟然在這種情形之下相識，頗為傳奇，而兩人勾勒出智利介於山海之間的氣度，一個如群山般宏偉，另一個則如大海般壯闊。

回顧佳布蕾拉的一生，生命打擊接踵而來，從童年缺乏父愛，年輕時戀人移情別戀，到晚年至親好友驟逝……她均堅強面對，而將苦楚化為力量，將怨懟變成柔情，將不幸轉為養分。她終身未嫁，卻散發母親的堅毅形象與慈愛光輝，持續以「愛」為創作主題。對她而言，愛是永恆，包含男女之愛、親人之愛、同胞之愛，並擴及對美洲土地之愛。

她的主要作品有《絕望》（*Desolación*）、《柔情》（*Ternura*）、《塔拉》（*Tala*）和《葡萄壓榨機》（*Lagar*）等。儼然大地之母，佳布蕾拉在拉美文壇占有一席不可被取代的位子，誠如其得獎理由：「由於她那富有強烈感情的抒情詩歌，而使她的名字成為整個拉丁美洲理想的象徵。」

14 聶魯達於一九七一年榮獲諾貝爾文學獎，墨西哥詩人帕斯（Octavio Paz）為一九九〇年的諾貝爾文學獎桂冠。

出版或死亡：為真相付出代價的女人

出版研究論文一直是各國學術界的工作重點。在美國學術界甚至以「出版或死亡」強調研究工作的重要性，學者若不出版論文，等於宣告自己已經死亡。但是，在瓜地馬拉恰好相反，如果出版了，那鐵定沒命。

翻開瓜地馬拉歷史，除了那段「十年春天」（1944-1954）之外，獨裁統治與血腥屠殺彷彿是宿命，一再輪迴，作家卡多薩－亞拉崗（Luis Cardoza y Aragón，1901-1992）曾以「暴君永無休止的國度」（la tierra de la eterna tiranía）評論瓜地馬拉。瓜地馬拉內戰期間（1962-1996）原住民究竟遭遇怎樣的對待？人類學家馬彌娜（Myrna Mack Chang，1949-1990）自願深入山區進行田野調查，隨著原住民顛沛流離的足跡找出歷史真相。

馬彌娜於一九四九年出生在瓜地馬拉南部，父親為馬雅（Maya）原住民，母親為華人，早年赴英國曼徹斯特大學（The University of Manchester）及杜倫大學（University of Durham）攻讀人類學。馬彌娜取得碩士學位後，返回瓜地馬拉，進入「中美洲新聞通訊社」（Inforpress Centroamericana）工作，負責分析當地政經發展。由於長期關注馬雅滅族事件（genocidio maya），馬彌娜動了惻隱之心，於是成立「瓜地馬拉社會科學前進協會」（Asociación para el Avance de las Ciencias Sociales en Guatemala），決定發揮人類學家的專長，以社會科學研究來證明原住民的悲慘命運。

夾在政府軍與游擊隊之間，原住民成為最大的受害者，無力抵抗政府的大屠殺，只能遠離家園，逃往更偏僻的山區。為了生存，四下流離的原住民組成「反抗群體」（Comunidades de población en resistencia），但在缺糧情況下，不少「反抗群體」成員因而餓死。馬彌娜和其工作團隊多次深入山區調查，並求助當地的天主教教會，共同找尋決解之道。

出版研究論文一直是各國學術界的工作重點，在美國學術界甚至以「出版或死亡」（publish or perish）強調研究工作的重要性，刻意給學者壓力，以增加研究產出。一九八九年，在一次社會科學研討會上，某位美國人類學家表示：「在我的國家，學者若不出版論文，等於宣告自己已經死亡。」馬彌娜回應說：「在我的國家，如果出版了，那鐵定沒命。」

一九九〇年，她完成《瓜地馬拉內部離散政策》（*Política institucional hacia el desplazado interno de Guatemala*）一書，有意揭露這個慘絕人寰的事實，冀望政府重視原住民人權。然而，政府無視於馬彌娜的呼籲和「反抗群體」的哀號。一九九〇年九月七日，「反抗群體」決定訴諸媒體，控訴政府造成原住民流離失所。四天後，馬彌娜在自己的辦公室門口遇害。

一九九〇年九月十一日，馬彌娜一如往常，穿著白上衣、天藍色長褲及黑皮鞋，一副人類學家進行田野調查的打扮，在毫無預警之下遇到死劫。隔天報紙刊登她遇害的消息，誤植了年齡和姓氏，甚至將不幸導向歹徒劫財，以混淆視聽：「昨晚在第一區第十二街發生命案，一個可能來自廣東的女子，遭歹徒搶劫皮包及現金，被刺十二刀身亡。」事實上，馬彌娜身中二十七刀。

犯下這樁命案的凶手隸屬於瓜地馬拉軍隊的「暗殺團」，雖然凶手被捕判刑，但是馬彌娜的胞妹馬海倫（Helen Mack Chang，1952-）決心揪出幕後主謀，而四處奔走長達十三年。二〇〇四年四月二十四日，瓜地馬拉政府終於正式承認，當年係由總統下令謀殺馬彌娜。

在獨裁政府統治下，許多歷史真相被篡改。知識分子乃時代之子，負起批判社會、揭露真相的使命，然而，必須付出很高的代價，或出版、或死亡。因此，為了揭露真相，拉美小說家以「魔幻寫實」手法書寫歷史，融入「魔幻」、「怪誕」、「神奇」、「荒謬」等意象，藉扭曲變形的歷史表象，諷刺荒謬政局、批判不公社會。儘管有「魔幻寫實」的保護，仍有作家因而被迫流亡，更何況在馬彌娜的研究報告上，清楚紀錄政府侵犯人權的種種舉措。

一如其他地區，揭露真相是拉丁美洲最危險的工作之一，馬彌娜並非唯一的受難者。

▲ 揭露真相是最危險的工作之一，馬彌娜為了揭露真相而使自己招致不幸。

莉可韋塔：勾勒瓜地馬拉和平藍圖的女人

瓜地馬拉政府長年屠殺原住民，一個倖存的原住民女孩決定揭發政府暴行，為受難者發聲。她堅信：女人只要有理想，即可賦予家庭幸福、社會安康、甚至千年的未來；果然，她做到了，並於一九九二年榮獲諾貝爾和平獎。

在瓜地馬拉人口中，馬雅後裔原住民占總人口百分之四十，然而，翻開瓜地馬拉歷史，屠殺對原住民而言彷彿是暗夜裡的噩夢，自征服時期延續到二十世紀末葉。尤其發生在「北部橫貫帶」（La Franja Transversal del Norte）的「馬雅滅族事件」，成為瓜地馬拉最深的歷史傷口。

穿越瓜地馬拉國土東西部的橫向地帶，一直是低度開發的窮鄉僻壤，原住民以務農為生，種植玉米、黑豆等糧食作物。政府為了經濟利益，陸續開放歐美移民進駐，耕種棉花、咖啡、香蕉等經濟作物，並開始竊占原住民的土地。一九七〇年，政府將這一帶規劃為「北部橫貫帶」，面積約一萬五千平方公里，以有效開發農業為藉口，事實上覬覦地底下的石油和鎳礦。自此，瓜地馬拉政府以殘暴手段驅逐居住在這片土地的原住民，若有不從者，便以軍隊鎮壓。

此外，瓜地馬拉長年陷入軍政府與游擊隊之間的內戰（1962-1996），軍方認為原住民藏匿游擊隊，於是藉機逮捕原住民，並先嚴刑拷打後，再予以殺害。馬雅滅族事件因而不斷上演，許多村落幾乎被夷為平地。一個名為莉可韋塔·門楚·頓的馬雅基切（Quiché）族[15]女孩，在屠殺中倖存，她決定揭發瓜地馬拉政府的暴行，為受難的原住民發聲。

莉可韋塔出生於齊美（Chimel）村，門楚一家與當地的貧窮人家沒什麼兩樣，父母是附近咖啡園的奴工。村落的許多孩童或因營養不良、或誤飲遭汙染的河水而早夭，莉可韋塔的兩個弟弟也是這樣過世。一九七九年，瓜地馬拉軍方以門楚一家與游擊隊掛鉤為由，先活活燒死莉可韋塔的兄長。翌年，父親與其他原住民領袖因參加抗議行動而遭殺害，母親也在不久後遇難。門楚一家人的悲慘遭遇，其實是當地原住民的寫照。

莉可韋塔當過童工、幫傭，僅受過一點教育。馬雅各個族群均有其語言，而大部分的原住民除了不諳西班牙語之外，也只會講自己的母語。因此，不僅彼此無法團結一致，更遑論如何捍衛己身權益。面對浩劫，莉可韋塔明白，她得學西班牙語才有能力捍衛族人的生存權，同時她還必須學鄰族語言，

15 馬雅並非單一民族，是基切（Quiché）、卡奇給（Cakchiquel）、塔亞薩（Tayasal）、蘇都伊（Tzutuhil）、索西（Tzotzil）、依薩（Itzá）等許多族群的統稱，其中以基切族的人數最多。

才能聯合其他族群共同保護家園。

一九八一年，莉可韋塔流亡墨西哥，但仍為瓜地馬拉原住民四處奔波請命。一九八三年，在她的口述下，由歷史學家伊莉莎白．布爾戈斯（Elizabeth Burgos，1941-）執筆，出版了她個人的第一本自傳《我是莉可韋塔．門楚》（*Me llamo Rigoberta Menchú*），縷述家人的血淚故事和她的奮鬥歷程。

▲ 莉可韋塔．門楚在屠殺中倖存，因此她意識到文字的力量，唯有透過文字才能為受難的原住民伸張正義，於是，她在友人的幫忙下，寫下己身的遭遇。圖為莉可韋塔．門楚的作品《莉可韋塔：馬雅人之孫》（*Rigoberta: La nieta de los mayas*）。

一九九二年，正好是發現美洲五百周年，而這意味著美洲原住民遭荼毒有五百年之久。同年十二月，諾貝爾和平獎頒給莉可韋塔，表揚她在尊重原住民人權的基礎上，致力於社會正義，並努力消除族群之間的樊籬。然而，彼時的瓜地馬拉仍被軍政府把持，暴力氛圍依舊彌漫。在諾貝爾和平獎的頒獎典禮上，莉可韋塔一如往常，梳著辮子，穿上馬雅基切族的傳統服飾，與挪威皇室、各國政要的時髦衣著形成強烈對比。發表得獎感言時，她將這項殊榮獻給罹難的族人：

在人類社會中，那些失蹤或已犧牲的原住民，無不渴望擁有尊嚴、公義、自由、友愛及互信的生活，殷盼瓜地馬拉及整個美洲的原住民，皆能脫離被邊緣化的貧窮生活。

流亡十年後，她頂著諾貝爾和平獎的光環回到瓜地馬拉，並成立「莉可韋塔·門楚·頓基金會」，持續捍衛原住民人權。一九九三年，聯合國宣布該年為「世界原住民國際年」，喚醒各國正視原住民所經歷的悲慘歷史。一九九六年十二月二十九日，在莉可韋塔的努力下，瓜地馬拉政府與游擊隊終於簽定和平協議。據總計，三十四年的內戰造成逾十五萬人死亡，約四萬五千人失蹤，超過一百萬人流離失所，其中以原住民居多數。

身為第一位獲得諾貝爾和平獎的原住民女人，莉可韋塔堅信：女人只要有理想，即可賦予家庭幸福、社會安康、甚至千年的未來。她的理想是，勾勒出瓜地馬拉的和平藍圖。

常言道：「成功男人的背後一定有一位偉大女人。」而這句說辭彷彿將女人貶為可憐的椅背，成就男人。隨著時間巨輪的轉動，許多女人不再被淹沒於歷史洪流，她們不只追求愛情，她們獨立、自主，展現智慧和勇氣，挑戰傳統與禁忌，為自己寫下傳奇。

4. Chapter
女人與勇氣

艾薇塔神話

出身卑微，卻在二十六歲時成為阿根廷的第一夫人；然而，她以自己的卑微，凸顯丈夫的偉大。事實上，她所到之處，必定吸引大批民眾夾道歡迎，甜美的微笑、迷人的丰采，無形中散發出領袖魅力。

艾薇塔（Evita）即「小艾娃」之意，本名為瑪麗亞．艾娃．杜瓦德．伊巴古任（María Eva Duarte Ibarguren，1919-1952）。父親係典型的阿根廷鄉紳，本身已有家室，卻又與她的母親生下五個非婚子女，其中艾薇塔排行最小。艾薇塔六歲時，父親不幸車禍過世，一家人因此陷入愁雲慘霧之中。

一九三五年是艾薇塔奇異人生的轉捩點，那年她滿十五歲，獨自從胡寧（Junín）鄉下，搭火車來到首都布宜諾斯艾利斯，夢想如美國影星瑙瑪．希拉（Norma Shearer，1902-1983）一般，獲得奧斯卡最佳女主角獎。另有一說，那年正巧探戈歌手馬嘉迪（Agustín Magaldi，1898-1938）前往胡寧巡迴演唱，艾薇塔隨他搭上火車離開。來到布宜諾斯艾利斯後，艾薇塔展開演藝生涯。起初只能在劇團裡演一些跑龍套的小角色，偶而也隨劇團四處演出。由於生活十分拮据，沒有能力添購行頭，為了拍攝沙龍照得向友人借服裝。後來參加廣播劇演出，她那帶有磁性的聲音，透過麥克風深植聽眾腦海，對爾後從政之路助益頗多。

一九四三年，胡安．貝隆（Juan Domingo Perón，1895-1974）[16]與艾薇塔相識相戀。一個是英俊挺拔的上校軍官又兼勞工部長，另一個是美麗動人的女演員，兩人出身背景懸殊，引起上流社會嘩然。貝隆早年曾赴義大利與德國接受軍事教育，受墨索里尼（Benito Amilcare Andrea Mussolini，1883-1945）與希特勒（Adolf Hitler，1889-1945）影響甚大，尤其他見識過墨索里尼的群眾魅力，深知群眾將是他未來的後盾。貝隆接掌勞工部後，扮演勞工與政府之間的橋梁，推動許多對勞工有利的法案，而贏得勞工團體的支持，他的貝隆主義（Peronismo）於是漸漸蔚成。

一九四四年二月，貝隆擔任副總統，同時接掌陸軍部與勞工部，成為阿根廷最有權力的人，艾薇塔以女友身分共享好處，造成軍方與保守右派分子的不滿。後來貝隆被迫辭去所有職務，且遭軟

16 或譯為「胡安．裴隆」。

▲ 艾薇塔神話不僅被搬上大銀幕、拍成電視劇、改編成音樂劇，也走入小說文本。圖為阿根廷作家波賽（Abel Posse，1934-）的小說《隨艾娃而來的苦痛》（*La pasión según Eva*）。

▼ 阿根廷作家亞莉西雅．杜賀納（Alicia Dujovne Ortiz，1940-）的小說《艾娃．貝隆傳》（Eva Perón: La biografía），以傳記文體的寫作方式，鋪陳艾薇塔神話。

▲ 艾薇塔將頭髮染成金色，穿上優雅英式套裝，出席各種公益慈善活動，贏得親民形象。

◀ 此張照片攝於一九四九年，艾薇塔盛裝、戴上華麗珠寶、披上貂皮連帽斗篷，與貝隆出席國宴。

禁。在艾薇塔與工會的策動下，貝隆的支持者發動大罷工，要求釋放貝隆。在群眾的壓力下，軍方於一九四五年十月十七日釋放貝隆。史稱「十月十七日事件」，又稱「貝隆主義忠誠日」（Día de la Lealtad Peronista）。這天晚上，貝隆在總統府玫瑰宮（Casa Rosada）陽臺上，雙手高舉，接受群眾的歡呼，拉開貝隆主義的序幕，這種萬人空巷的場景，在拉丁美洲史無前例，墨索里尼和希特勒當年的領袖魅力，霎時移轉至貝隆身上，貝隆主義正式形成。貝隆主義乃一種「民粹主義」（populismo），具社會主義色彩，並融入國家主義，強調社會正義，善用罷工、遊行等群眾運動，支持者為「無衫者」（descamisados）。「無衫者」一詞，最早出現在十九世紀，其西班牙文原意為無襯衫可穿者，即無產階級。

一九四五年十月二十二日，貝隆與艾薇塔結婚，同時創立勞工黨。一九四六年，貝隆代表勞工黨參選總統，在勞工團體的支持下，順利當選總統，而年僅二十六歲的艾薇塔，搖身一變，成為阿根廷的第一夫人，自此，「艾娃．貝隆」也成為最響亮的名字。

貝隆就任總統後，艾薇塔總是陪在他身旁，陪他下鄉視察，向他學習如何親近人民。艾薇塔以自己的卑微，凸顯貝隆的偉大。她在自傳《我生命的理由》（*La razón de mi vida*）裡寫下：「我只是一個卑微的女人……是大批麻雀中的一隻……而他是靠近天主的巨鷹，在雲中安穩地高飛。」事實上，艾薇塔所到之處，必定吸引大批民眾夾道歡迎，甜美的微笑、迷人的手采，無形中散發出領袖魅力。

艾薇塔的魅力來自個人風格。演講時，以鏗鏘有力的聲調、慷慨激昂的詞句、特定涵義的手勢，打動每一位「無衫者」。她聽從了設計師的建議，將一頭棕髮染成金色，並梳成髮髻。此外，她亦改變穿著，將服裝分為工作服和晚宴服。工作服走威爾斯風格，乃剪裁合身的英式套裝，是她白天坐鎮辦公室、訪問機構團體、接觸群眾、公開演講的穿著。一件件華麗的晚宴服，搭配價值不菲的珠寶，更襯托出艾薇塔的優雅氣質。她宣稱，華服是為「無衫者」而穿，而「無衫者」也樂見艾薇塔盛裝，在移情作用下，彷彿艾薇塔身上的華服與珠寶披掛在自己身上。

艾薇塔是貝隆最得力的助手，同時也將自己的人生推向巔峰，孰知這一切卻儼如煙火，只維持短暫的燦爛。

阿根廷，別為我哭泣

失去艾薇塔之後，貝隆宛如失去左右手，由於之前不斷揮霍國庫，再加上經濟政策失敗，教會、軍方、勞工相繼叛離。失去貝隆的保護，艾薇塔的遺體遭盜走，無論被藏匿何處，棺材外總會放置一根蠟燭及一束花，蠟燭及花束竟然越放越多，「聖艾薇塔」之名不脛而走。

艾薇塔係貝隆背後最重要的女人，也是貝隆主義最忠誠的信徒。貝隆主義乃一種「民粹主義」（populismo），具社會主義色彩，並融入國家主義，強調社會正義，善用罷工、遊行等群眾運動，支持者為「無衫者」（descamisados）。「無衫者」一詞，最早出現在十九世紀，其西班牙文原意為無襯衫可穿者，即無產階級。貝隆賦予「無衫者」新義，泛指勞工階級；但是，貝隆的政敵則以戲謔口吻，刻意凸顯「無衫者」的社會地位。

一九四七年，艾薇塔進行為期六十四天的「彩虹之旅」（La gira del arco iris），出訪西班牙、義大利、梵諦岡、葡萄牙、法國和瑞士，回程時順道造訪巴西和烏拉圭。艾薇塔在歐洲造成旋風，尤其受西班牙佛朗哥（Francisco Franco，1892-1975）特別禮遇，法國報紙因而戲稱她為法西斯代理人，甚至是阿根廷女總統。不必諱言，她的聲勢已直逼貝隆。

艾薇塔推動婦女投票權，也積極推動各項法令，嘉惠老人、小孩、婦女、勞工。一九四八年，她設立「艾娃．貝隆基金會」（Fundación Eva Perón），大量建國宅、設醫院、蓋學校，四處送食品、玩具、腳踏車、裁縫機。在弱勢和勞工團體中留下熱心公益的完美形象。

一九五一年艾薇塔在勞工大聯盟的支持下，被提名為貝隆的副手，準備與貝隆參選正副總統，後來因軍方的強力反對，艾薇塔只好辭謝支持者的美意。一九五一年八月二十二日，這一場辭去貝隆競

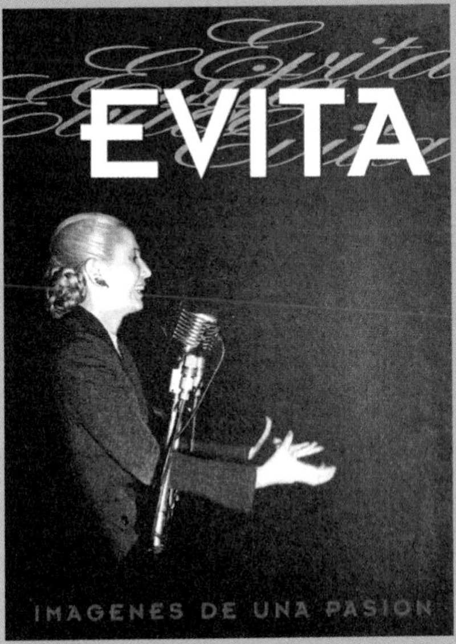

▲ 艾薇塔是貝隆最得力的助手，也是貝隆主義最忠誠的信徒，她的魅力不是來自姣好的外貌，而是動人的金句。

▼ 這張照片拍攝於一九五二年，貝隆總統連任成功後，艾薇塔與貝隆站在車上接受民眾歡呼，艾薇塔穿著昂貴貂皮大衣，試圖掩飾她那日益消瘦的病體。

選副手的演說，盛況空前，群眾不斷高喊著：「艾薇塔、艾薇塔」，人潮超越當年「十月十七日事件」，足見艾薇塔的魅力。講稿中最令人動容的一句話：

同伴們：我並未辭去奮鬥的職務，而是辭去榮耀。

就在超時工作中，艾薇塔消耗了自己的健康。在人生巔峰上，她竟然發現自己罹患子宮頸癌。一九五一年十月十七日，她不顧自己的病痛，堅持出席貝隆主義慶祝大會。孱弱的她儼然巨人，聲音依舊鏗鏘有力，再度以感人的演講凝聚群眾：

我所做的一切不值得一提，我所辭去的榮耀也微不足道，我所擁有的更是毫無意義。但在我心中，卻有一個價值不菲的東西，炙烤我的靈魂，燒痛了我的肉體，並燃燒至每一條神經。那就是我對這個國家人民和對貝隆的愛。

一九五二年六月四日，艾薇塔最後一次公開露面，貂皮大衣掩飾下的她形銷骨立，須靠施打止痛劑，才能出席貝隆總統的第二任就職大典。同年，七月二十六日香消玉殞，享年三十三歲。莊嚴隆重的葬禮又為阿根廷歷史寫下一頁。

失去艾薇塔之後，貝隆宛如失去左右手，由於之前不斷揮霍國庫，再加上經濟政策失敗，導致教會、軍方、勞工相繼叛離。一九五五年九月十六月，貝隆政權遭推翻，只好流亡海外。失去貝隆的保護，艾薇塔的遺體被盜走。一九五五年十二月二十二日夜裡，軍情局局長莫利（Carlos Eugenio Moori Koenig）上校，偷偷以軍車運走艾薇塔的遺體，四處藏匿，甚至送至歐洲。但神奇的是，無論遺體藏匿何處，棺材外總會放置一根蠟燭及一束花，蠟燭及花束竟然越放越多，「聖艾薇塔」（Santa Evita）之名不脛而走，無形中鼓舞了貝隆主義的追隨者。

一九七三年，貝隆重返阿根廷政壇，與第三任妻子伊莎貝爾．貝隆（María Estela Martínez de Perón，1931-）搭擋，贏得總統大選。一九七四年，艾薇塔的遺體終於回到阿根廷，最後安息於布宜諾斯艾利斯的雷科萊塔（La Recoleta）墓園。

艾薇塔彷彿一陣狂風橫掃阿根廷政壇，不論被廣大群眾奉為「女神」、抑或遭政敵視為「神女」，短暫一生充滿傳奇，多次搬上大銀幕，拍成電視劇，改編為音樂劇，甚至幻化成歷史小說。其中，英國劇作家安德魯．洛伊．韋伯（Andrew Lloyd Webber，1948-）先於一九七六年為她寫下〈阿根廷，別為我哭泣〉（Don't Cry for Me, Argentina），再於一九七八年完成音樂劇《艾薇塔》（*Evita*），劇中收錄了〈阿根廷，別為我哭泣〉。

自此，不少歌手翻唱過〈阿根廷，別為我哭泣〉，包括瑪丹娜在內，共同將艾薇塔神話鏤刻於雋永時空中。

卡蘿的世界

床對卡蘿而言，應該比一般人更具意義：那是她休養的避難之處、是她創作的神聖空間，簡言之，是她的一切，也是她的世界。透過床前的鏡子，卡蘿展開「自我」世界的探索旅程，也反射出她在歷史洪流中的角色。

看過電影《揮灑烈愛》（*Frida*，2002）的朋友，對墨西哥畫家芙麗達．卡蘿（Frida Kahlo，1907-1954）應該不陌生。談到卡蘿的畫，不得不從床談起。床對人類而言，不可或缺，是生老病死時必須躺臥的方寸世界，而床笫又指男女房中之事，人生有三分之一以上的時間在床上度過。床對卡蘿而言，應該比一般人更具意義：那是她休養的避難之處、是她創作的神聖空間，簡言之，是她的一切，也是她的世界。

她的世界是宏觀的，少女時代即明白墨西哥大革命對國家未來發展的意義。現代墨西哥走過獨裁統治、強鄰壓境、階級對峙等國難，終究在一九一〇年爆發農民起義，進而演變成全國性大革命，國家認同與本土文化隨著戰火徐徐淬鍊，為國家奠定嶄新基石，並在基石上鏤刻民族意識。於是，卡

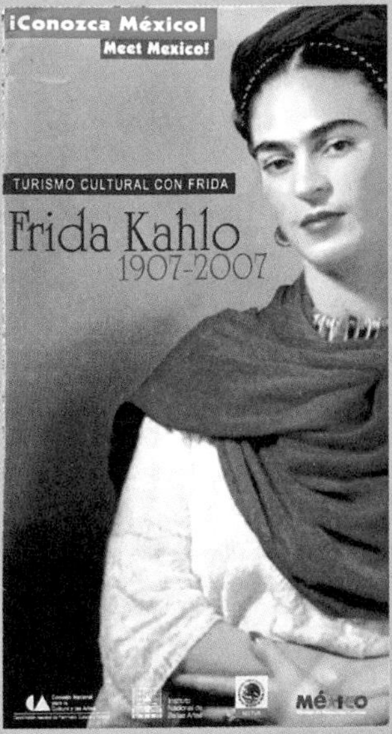

▲ 圖為藍屋的正門。藍屋座落在墨西哥城南方一個人文薈萃的社區。

▼ 墨西哥於二〇〇七年舉辦卡蘿百歲冥壽特展，圖為特展文宣，文宣上的那張照片曝光率頗高，係卡蘿生前最喜歡的照片之一，由匈牙利裔美籍攝影師尼古拉斯·穆雷所掌鏡。卡蘿與尼古拉斯·穆雷曾傳出緋聞，其實兩人的戀情維持有十年之久。

▲圖為藍屋庭院一景，牆上標記著：「芙麗達與迪亞哥於一九二九至一九五四年住在這幢房子。」

蘿將自己的出生年由一九〇七改為一九一〇年，象徵與現代墨西哥一起誕生。卡蘿六歲時染上小兒痲痺症，造成右腳發育不良；不過另有一說，她可能天生脊柱裂，導致發育遲緩。更為甚者，十八歲那年發生了嚴重車禍，令她此後的人生得與疼痛共處。乖舛的人生與多事的墨西哥頗有巧合，因此，當她爾後將己身的痛楚轉成畫作時，也勾勒出墨西哥的歷史。

一九二五年九月十七日，墨西哥城發生了電車與巴士相撞的重大車禍，卡蘿正巧搭乘那班事故巴士，在強烈撞擊下她身上多處骨折，並遭一根鐵桿刺穿。花樣年華的她，從胸部以下至腰椎被打上石膏，無法移動，只能僵躺在床上、幽禁在房間中。為了排解她在病榻上的寂寞，家人墊

▶ 卡蘿百歲冥壽特展於墨西哥城的美術宮展出。美術宮內高掛卡蘿自畫像的巨幅海報，吸引卡蘿迷前往參觀。

◀ 芙麗達以這幅自畫像當成生日禮物，贈予托洛斯基，大膽向托洛斯基傳遞愛意。這幅自畫像收藏在美國華盛頓特區國立女性藝術博物館（National Museum of Women in the Arts）。

高她的頭部，在床前斜立畫架，並於床的上方掛上一面鏡子，好讓卡蘿望著鏡子裡的容顏，展開「自我」世界的探索旅程。調色盤彷彿太初，任由卡蘿翫味各種顏料，賦予新生，彩繪出一幅幅的自畫像。

與死神擦身而過的意外徹底改變了卡蘿的人生，在往後二十九年的歲月裡，得因車禍留下的殘傷，而不斷接受手術治療，那種撕裂、剖開、縫合、結痂的痛苦輪迴，惟有當事人才能感受得到。卡蘿曾說過，兩次意外折磨她一生，一次是車禍，另一次是迪亞哥．里維拉（Diego Rivera，1886-1957）；換言之，第一次是肉體折磨，第二次是精神打擊。她與里維拉於一九二九年結縭，里維拉的背叛彷彿利刃，劃傷她孤寂的靈魂，以致兩人於一九三九年離婚，雖然再度於一九四〇年復合，仍舊同床異夢。她從他人身上找尋溫柔的慰藉，托洛斯基（Leon Trotsky，1879-1940）、尼古拉斯・穆雷（Nickolas Muray，1892-1965），甚至蒂娜・莫多蒂（Tina Modotti，1896-1942）、歐姬芙（Georgia O'Keeffe，1887-1986）、查薇拉・瓦爾加斯（Chavela Vargas，1919-2012）等女藝術家，都曾與她傳出緋聞。

當生命走入尾聲之際，她在日記寫下：「我已四分五裂。」然而，嬌小孱弱的身軀掀起狂飆，藉作畫舒緩椎心蝕骨之痛，以自畫像縷述華麗與哀戚的真實人生，闡釋堅韌生命力與自我解放思潮，並建構出現實與幻想的藝術風格。誠如超現實主義大師布勒東（André Breton, 1896-1966）所言，卡蘿的作品係「綁著蝴蝶結的炸彈」。翻閱卡蘿的畫冊，有數幅作品與床有關，但床絕非布景，畫中人或坐、或臥，隨著畫作所呈現的意境，床儼然聖殿，也宛如煉獄。一九五三年四月十四日，卡蘿個人在墨西哥城的首次畫展開幕，雖然健康惡化無法下床，但卡蘿不願錯過開幕典禮，而派人將自己的床鋪先送至展覽廳，好讓她可以躺在床上，接待出席盛會的賓客。

一九五四年七月十三日，卡蘿辭世。一九五八年，里維拉將她的寓所藍屋（Casa Azul）改為博物館，供民眾參觀卡蘿的居家生活，藉屋內擺設憑弔這位奇女子，尤其那張陪她到生命盡頭的床，看似極為普通，卻顯露她的與眾不同，床上鋪著白色刺繡床罩，上面仍擺著用過的石膏胸衣，床前則掛著馬克思、恩格斯、列寧、史達林、毛澤東五人的照片。

床是卡蘿的世界，透過床前鏡子看到自我，也反射出己身在歷史洪流中的角色。

卡蘿的廚房

廚房是卡蘿的宇宙，儼然穿梭時空的天地，融合了本土化精神與前衛元素，燒出令人驚艷的墨西哥主義。廚房也是卡蘿的丹房，從料理三餐，到招待訪賓，甚至包括家人的生日、主保日、墨西哥民俗節慶，無不費心準備應景餚饌，讓一道道墨西哥傳統佳餚拌合藝術與政治，成為親朋之間的熱烈話題。

今日墨西哥城有十六個行政區，其中，科約亞崁（Coyoacán）文風鼎盛，是人文薈萃之地。「科約亞崁」源自阿茲特克的納瓦語（Nahuatl），即「郊狼之地」，昔日西班牙征服者柯爾提斯曾駐守於此，其宅第仍保存至今，而卡蘿的寓所藍屋（Casa Azul）也位於此，座落在倫敦街（Londres）與阿燕德街（Allende）的交叉口。

卡蘿的父親早年在科約亞崁買地蓋屋，那塊地面積八百平方公尺，約兩百四十二坪，原屬「赤足加爾默羅修會」（Orden de los Carmelitas Descalzos）的部分產業。房子建好後三年，卡蘿出生，在此住到與里維拉結婚，才搬去與里維拉同住，甚至隨他赴美國工作。與里維拉離婚後，卡蘿搬回娘家，里維拉也在兩人復合後搬入。兩人後來修建庭院，並將原來的白色外牆漆成鈷藍色，配上紅褐色框飾，因而得名藍屋。對於鈷藍色，她在日記有獨特的詮釋：「電與純潔、愛。」

藍屋為長方形格局，是典型的墨西哥建築，帶有殖民地風格，經過卡蘿與里維拉的布置，散發濃濃的個人色彩。一九三七年，托洛斯基來到墨西哥尋求政治庇護，卡蘿安排托洛斯基住在藍屋。為了歡迎這位俄國布爾什維克重要領袖，卡蘿在藍屋辦了一個盛大餐會，刻意用鮮花在廚房的餐桌上擺出「托洛斯基萬歲」字樣。

卡蘿十分好客，除了托洛斯基外，布勒東、蒂娜．莫多蒂、查薇拉．瓦爾加斯、亨勒（Fritz Henle，1909-1993）、宮嘉．蜜雪兒（Concha Michel，1899-1990）、朵洛蕾斯．德爾．莉歐（Dolores del Río，1904-1983）、瑪麗亞．菲利斯（María Félix，1914-2002）、露嘉．雷耶斯（Lucha Reyes，1906-1944）、等名流，都是藍屋的座上賓。另外，在一九四二至一九四五年間，卡蘿受一所藝術學校之邀擔任繪畫教師，學生大都來自勞工階級，但她將教室移至藍屋，熱情敞開大門，任由學生在庭院作畫，還不時為他們準備餐飲。

如果床是卡蘿的世界，那廚房就是她的宇宙。藍屋的廚房相當寬敞，儼然穿梭時空的天地，融合了本土化精神與前衛元素，燒出令人驚艷的墨西哥主義。木製餐桌和木製櫥櫃漆為黃色，櫥櫃內有餐具、民俗陶偶，也不乏前哥倫布時期的文物，熱鬧非凡。長長的爐臺鋪著黃、藍瓷磚，臺上擺放各式各樣的陶鍋，雖然當時已有瓦斯爐，但卡蘿與里維拉仍保留以柴火燒煮的烹調傳統。牆上不只掛滿炊具、木勺和飾品，還用小酒甕拼貼出芙麗達（Frida）、迪亞哥（Diego）字樣，以及鴿子、緞帶、蝴蝶結等一些象徵兩人婚姻的圖案。琳琅滿目的器皿為墨西哥各地特產，有瓦哈卡（Oaxaca）的陶甕、聖塔克拉拉德爾科布雷（Santa Clara del Cobre）的銅盤、普埃布拉（Puebla）的瓷碗、瓜達拉哈拉

▲ 為了抓住里維拉的心，也為了招待訪賓，芙麗達用心作菜。《芙麗達的歡宴》（*Frida's Fiesta*）一書收錄芙麗達的宴客食譜，藉美食回味芙麗達的精彩人生。書中每一道佳餚展現墨西哥風情，更代表芙麗達的品味。

▼ 圖為藍屋的廚房一景。正如廚房是卡蘿的宇宙，她努力學習廚藝，每日必定與廚子研究菜單，為家人燒出色香味俱全的佳餚。

（Guadalajara）的玻璃杯，當然少不了來自阿瓜斯卡連特斯（Aguascalientes）的刺繡桌巾。

廚房也是卡蘿的丹房，為了抓住里維拉的心，她努力學習廚藝，從不懂烹飪，到善於用爐灶升火。在里維拉搬入藍屋後，卡蘿每日上午會進廚房與廚子商量當日的菜單，從料理三餐，到招待訪賓，甚至包括家人的生日、主保日、墨西哥民俗節慶，卡蘿無不費心準備應景餚饌，讓一道道墨西哥傳統佳餚拌合藝術與政治，成為親朋之間的熱烈話題。今日，藍屋的廚房入口牆上，即貼著一張她個人的「莫蕾」（mole）[17]食譜。

卡蘿喜歡在廚房內擺飾鮮花和水果，而在她的畫作中，不乏以鮮花和蔬果為主題的作品，其中，她刻意以瓜果被剖開的意象描繪死亡，同時藉瓜籽傳遞生生不息，歌頌生命，例如：《新娘看到生命切開而驚嚇》（*La novia que se espanta de ver la vida abierta*）。即便健康日益惡化，她仍坦然看待生死，在過世前八天，她完成《殞落的大自然：生命萬歲》（*Naturaleza muerta: Viva la Vida*），西瓜鮮紅的果肉釋出有死才有生的哲理，而這幅畫依然收藏於藍屋。

一九五八年，藍屋正式對外開放，向世人敞開卡蘿個人的私領域。環顧卡蘿的廚房，絕對可以體驗她的生命，如「柴火」一般的堅強，既痛苦又光明；也如「莫蕾」一般的濃烈，既憂鬱又激情。

17 由三十多種食材融合而成的醬汁，其中巧克力是主要食材之一，而因又被譯為「巧克力辣醬」。

卡蘿的時尚

翻開卡蘿的畫冊，小從髮飾、大到原住民傳統衣裳，每件服飾均蘊藏傳奇。外界對卡蘿的服飾一直很好奇，不過，卡蘿個人的衣帽間，並未隨藍屋改為博物館而立即對外開放。鎖了半世紀之久，神祕衣帽間終於在二〇〇四年打開了……

卡蘿與里維拉結婚時，里維拉已是享譽國際的壁畫家，她僅能依偎身旁，做里維拉的小妻子。然而，卡蘿是天才，她畫出自己的生命，毫不避諱將己身痛楚化為一幅幅獨特的畫作。自畫像裡的她，兩道濃眉連成一起，嘴邊鬍鬚清晰可見，多幅作品甚至刻意凸顯血淋淋景象，殘酷中交織著溫柔，死亡中揉合著新生。卡蘿的畫太令人震撼，米羅欣賞她，畢卡索稱讚她，康丁斯基敬重她，她的藝術天賦不會被埋沒太久。卡蘿聲名遠播後，外界不再稱她是里維拉的妻子，而改稱里維拉是她的先生。的確，包括瑪丹娜在內的名人大量收藏卡蘿的畫作，卡蘿已蔚為狂飆，「芙麗達狂」（Fridamanía）從藝術界流行到服裝界。

穿上了特萬娜（Tehuana）傳統服飾，卡蘿嬌柔的身軀霎時成為眾人注目的焦點。「特萬娜」原指墨西哥特旺特佩克地峽（Istmo de Tehuantepec）的女性原住民，個性獨立堅韌，隸屬薩波特卡（Zapoteca）族，由於衣著絢麗，因此其傳統服飾也以「特萬娜」稱之。「特萬娜」服裝為上衣和下裙兩件式組合，可分成居家和慶典兩類，雖受時代潮流影響而增添現代化元素，但仍不失民族風。顧名思義，慶典服飾用於民俗和宗教節慶，衣裳繡滿各式各樣的花卉，裙襬連接一大片白色蕾絲襯裙，並以繽紛緞帶或花朵裝飾髮辮，再戴上金幣串成的項鍊與黃金大耳環，光豔奪目。

許多非原住民的名媛樂於穿戴特萬娜服飾，藉以傳達文化認同及墨西哥主義，同樣，作家亦常藉特萬娜服飾經營作品裡的本土化色彩。不必諱言，卡蘿係以特萬娜服飾遮掩變形的肢體，但她的氣質、她的風格、她的創意，讓這款墨西哥傳統服飾祇躋身時尚殿堂，甚至揚名國際。一九三九年，卡蘿赴巴黎舉行畫展，她的畫在巴黎沒引起太多共鳴，但她一身特萬娜打扮卻引起騷動，巴黎時尚圈儼然她的伸展臺，義大利設計師艾莎・夏帕雷利（Elsa Schiaparelli，1890-1973）從她身上得到靈感，而設計出一套時裝，名為「里維拉夫人之衣」（la robe Madame Rivera）。

《時尚》（*Vogue*）、《浮華世界》（*Vanity Fair*）[18]等流行雜誌，或以她為封面人物、或為她做專訪，尤其美國攝影家尼古拉斯・穆雷替她所拍攝的一系列照片，在在展現卡蘿的魅力，「芙麗達・卡蘿」

18 亦譯為《名利場》。

彷彿時尚的代表。翻開卡蘿的畫冊，小從頭飾、大到原住民傳統衣裳，每件服飾均蘊藏傳奇。外界對卡蘿的服飾一直很好奇，不過，卡蘿個人的衣帽間，並未隨藍屋改為博物館而立即對外開放。里維拉生前曾囑咐必須深鎖衣帽間，至少得等他過世十五年後才可公諸於世。

鎖了半世紀之久，神祕衣帽間終於在二〇〇四年打開了，裡面保存著三百餘件物品，有衣裳、披肩、髮飾、手套、鞋子、珠寶、指甲油、太陽眼鏡、石膏胸衣、脊椎矯正器等。日籍攝影家石內都（Ishiuchi Miyako，1947- ）受邀以影像一一紀錄卡蘿的遺物。自二〇一二年十一月至二〇一六年十二月，藍屋舉辦特展「外表錯覺：卡蘿的衣物」（Las apariencias engañan: los vestidos de Frida Kahlo），

▲ 芙麗達即代表時尚，「芙麗達狂」從藝術界流行到服裝界，再到藝品界。圖為印有芙麗達肖像的書籤。

▼ 這張書籤印上《宇宙愛的擁抱：大地（墨西哥）、我、迪亞哥與索羅特》，並在下方節錄了芙麗達的一段文字：「我從未畫我的夢想，我只畫自己的事實。」

▲ 印有「Frida Kahlo」及其生卒年的鉛筆成為卡蘿迷的收藏品。

展示其中包括特萬娜衣裳在內的二十二件服飾，令人遙想勇敢、獨立、自主、前衛、時尚的卡蘿。

從畫作〈希望之樹，堅定不移〉（Árbol de la esperanza, mantente firme）可窺見，那躺在病床上的卡蘿病懨懨，雖裹著白色被單，但仍露出背部兩道傷痕，而坐在床邊的卡蘿，穿戴著特萬娜服飾，卻無比堅毅，宛如特萬娜女人一般。卡蘿選擇傳統服飾的目的，不僅創造個人的流行體系，同時從文化認同中找到力量。亦即，特萬娜服飾是勇氣、更是幸運符。

墨西哥在二〇一〇年所發行的五百披索紙鈔，即以里維拉和卡蘿做為正反面圖像。卡蘿那一面，採用了一張自畫像，以及〈宇宙愛的擁抱：大地（墨西哥）、我、迪亞哥與索羅特〉（El abrazo de amor del universo, la tierra (México), yo, Diego y el señor Xólotl）。如果服飾等於流行的話，那麼，鈔票上的兩個卡蘿，則分別以前哥倫布時期的粗獷項鍊和特萬娜衣裳，勾勒墨西哥精神，並流洩出個人美學。

查薇拉：同時虜獲男人與女人的心

男人愛她，女人也愛她；她比男人更有氣概，比女人更具魅力。這麼一個奇女子，用生命吟唱墨西哥民歌，竟然原籍是哥斯大黎加。她抽煙、酗酒，放浪形骸，行徑比芙麗達．卡蘿、艾娃．嘉納更驚世駭俗，她的傳奇非知不可。

十九世紀末，墨西哥發展出名為「蘭切拉」（ranchera）的曲種，即「牧場歌舞」之意，以吉他伴奏，可歌可舞。起初，流行於牧場，因而得名，吟唱鄉村壯闊無邊的美景、牛仔馳騁草原的英姿、男女風花雪月的情愛。在墨西哥大革命之後，衍生為愛國流行樂，並加入手風琴、小提琴、小號等樂器伴奏，成為最具墨西哥精神的歌舞之一。墨西哥歌手在其歌唱生涯中，幾乎無人不演唱或不錄製「蘭切拉」歌曲，甚至拍攝與「蘭切拉」風格有關的電影。

另外，從西班牙傳入的「波麗露」（bolero）舞曲，先在古巴受到黑人音樂與「特洛巴」

（trova）[19]的濡染，而演變為歌曲，再於十九世紀末傳入墨西哥，在多位墨西哥作曲家的改良下，變身成墨式風情的鄉村歌謠，也因街頭樂團瑪利亞齊（mariachi）的演奏而流行。

在眾多知名的「蘭切拉」及「波麗露」歌手中，有一位十分特別，就是人稱「紅斗篷女士」（la dama del poncho rojo）的「查薇拉・瓦爾加斯」。查薇拉乃藝名，原籍是哥斯大黎加，本名很長，為瑪麗亞・伊莎貝・安妮塔・卡門・德・赫蘇斯・瓦爾加斯・利薩諾（María Isabel Anita Carmen de Jesús Vargas Lizano）。查薇拉的童年過得不幸福，父母離異，係由親戚扶養長大，但因疏於照料，而不幸染上小兒痲痺症。不過，她的小兒痲痺症在巫醫的治療下，得以減緩症狀，不僅讓她有了「巫女」的綽號，也叛離天主教而改信原住民宗教。十四歲時，她決定以演唱為生，並於十七歲赴墨西哥討生活，遠離那個缺乏溫暖的祖國，展開傳奇人生。

查薇拉的個性相當叛逆，散發波希米亞式風情，終日不離煙酒，放浪形骸。早期在墨西哥從事過不少職業，三十歲以後才以歌唱為正職，投入「蘭切拉」及「波麗露」行列，其中「蘭切拉」將她的演唱事業帶至高峰。「蘭切拉」曲風粗獷豪邁，早期大多由男歌手演唱。查薇拉以極富磁性的嗓音與特立獨行的風格，為「蘭切拉」注入新生命，詮釋歌詞所闡述的痛苦、悲傷、情愫，令聽眾如痴如醉，並隨她的情感起伏而澎湃洶湧。如此深深抓住聽眾的心，而讓她在一九五〇年代聲名大噪。

19　一種古巴情歌。

▲ 查薇拉比男人更有氣概，比女人更具魅力。她以渾厚嗓音，為電影《揮灑烈愛》唱出昔日摯友在暗夜哭泣時的鬱結情緒。

▼ 查薇拉曾與芙麗達．卡蘿及里維拉一起生活長達一年之久，她與芙麗達之間的緋聞頗具興味。

為了營造出自己的「男子氣概」，查薇拉決定在演唱時換下高跟鞋，改穿斗篷與長褲的中性打扮，好讓她與墨西哥作曲家兼歌手的奧古斯丁．拉剌（Agustín Lara，1897-1970）或阿根廷的民謠唱作歌手法昆多．卡布拉（Facundo Cabral，1907-1954）等並駕齊驅。此外，查薇拉從未隱藏自己是女同性戀，與彼時的名女人時而傳出緋聞。據信，在伊莉莎白．泰勒（Elizabeth Taylor，1932-2011）與第三任丈夫邁克．托德（Michael Todd，1909-1958）的婚禮上，她邂逅了艾娃．嘉納（Ava Lavinia Gardner，1922-1990），兩人一度成為親密愛人。

查薇拉有無盡的愛，同時也有無窮的孤寂。她與芙麗達．卡蘿及其夫婿里維拉係莫逆之交，並與他們一起生活長達一年之久。芙麗達．卡蘿曾對她說：「我不僅為里維拉而活，也為妳而活。」對查薇拉而言，芙麗達．卡蘿儼然一匹難以馴服的野馬，與她之間有相似之處，兩人惺惺相惜，更發展出情人關係。

查薇拉於一九六一年推出首張唱片專輯後，演唱事業如日中天，遠赴紐約、巴黎、巴塞隆納等地演唱，卻因酗酒而在一九七〇年代後期隱退演藝圈。酒精幾乎毀了她的事業及人生。她過午才起床，起床後便沉溺於杯中物直到深夜，就這樣日復一日、年復一年，長達二十年，至少喝下四萬五千公升的龍舌蘭酒。她常自嘲，身體在酒精的浸淫下狀態相當良好。

西班牙導演阿莫多瓦（Pedro Almodóvar，1949-）將查薇拉比擬為法國女歌手愛迪．琵雅芙（Edith Piaf，1915-1963），並邀請查薇拉為他的電影演唱主題曲。查薇拉努力戒酒，並於一九九一年重返歌唱舞臺，爾後更因《揮灑烈愛》、《火線交錯》（*Babel*，2006）等電影而再度走紅。尤其，她為《揮灑烈愛》所演唱的那首〈憂羅娜〉（La Llorona）[20]，嗓音渾厚，感情豐富，唱出昔日摯友在暗夜哭泣時的鬱結情緒。

二〇一二年，查薇拉以九十三歲高齡辭世，而那喚醒心靈的嗓音依舊迴響，在拉丁樂壇、女權主義思潮或LGBT團體，寫下傳奇的一頁。的確，她不僅虜獲男人與女人的心，甚至可說比男人更有氣概，也比女人更具魅力！

20 即「暗夜哭泣的女人」。根據墨西哥傳說，一名印地安女人愛上一個白人貴族，並替他生下三名子女。在門第和血統觀念的作祟下，白人貴族後來娶了一個和他一樣出身的白人女子，遭拋棄的印地安女人發了瘋，將三名子女殺死後投入河裡。一到暗夜，印地安女人宛如鬼魅般，身穿白衣，披頭散髮，背著一個空搖籃，徘徊於大街小巷，哭泣著找尋死去的子女。

卡斯楚的女人

卡斯楚的私領域部分儼然祕密檔案，是街談巷議的話題，至今仍有許多謎。歐美媒體常以「情婦軍團」形容卡斯楚有多位親密愛人；的確，即便是叱吒風雲的游擊隊總司令，在改寫古巴歷史之際，也為自己寫下最浪漫的情史。

古巴前領導人卡斯楚在二〇一六年辭世時，到底有多少祕密隨他進入墳墓？尤其他個人的私領域部分，儼然祕密檔案，是街談巷議的話題，至今仍有許多謎。

卡斯楚很有女人緣是一個不爭的事實，但他從不主動談論自己的私生活。從一些歷史照片可看到，卡斯楚身邊常環繞著女人，其中不乏名女人。卡斯楚有兩段婚姻，與數名女子關係密切，歐美媒體甚至以「情婦軍團」形容卡斯楚的情史。據目前所知，卡斯楚計有十一名子女。那麼，就來談談卡斯楚生命中幾位最特別的女人。

一九四八年，卡斯楚與蜜爾達．迪亞茲．巴拉特（Mirta Francisca Díaz Balart，1928-）結婚，兩人於大學時代就相識，婚後生下兒子小菲德爾（Fidel Ángel Castro Díaz-Balart，1949-2018）。據信，

▲ 卡斯楚的女人之中，西莉亞最為特別，她投入古巴大革命，為卡斯楚召募游擊隊員、提供各項支援，被譽為革命之花。

▶ 古巴大革命勝利之後，西莉亞成為卡斯楚的紅粉知己，經常出席古巴婦女會活動。

在小菲德爾出生前六個月，卡斯楚曾與瑪莉亞·拉博德（María Laborde）有一段情，而有了私生子賀赫·安赫爾（Jorge Ángel）。

卡斯楚與蜜爾達的婚姻維持了七年，因卡斯楚流亡墨西哥而勞燕分飛。蜜爾達後來再婚，並在卡斯楚革命成功後，與其家人移居西班牙。事實上，蜜爾達的娘家親戚有不少人流亡邁阿密，成為反卡斯楚政權分子。兒子小菲德爾雖然跟著父親，但父子關係不好，反而與叔叔勞爾·卡斯楚較為親近。小菲德爾曾赴蘇聯攻讀物理，返回古巴後，一度任職於核能委員會，卻在二〇一八年自殺身亡。

除了瑪莉亞·拉博德之外，卡斯楚在第一段婚姻期間，尚和有夫之婦娜達莉亞·瑞維達（Natalia Revuelta，1925-2015）暗通款曲。娜達莉亞與丈夫過著上流社會的豪奢生活，她卻變賣珠寶暗中援助起義分子，甚至讓出她的別墅做為起義分子的祕密聚會場所，她在一九五二年認識卡斯楚，兩入立即陷入熱戀。在卡斯楚被捕期

▲ 此張照片拍攝於古巴大革命期間，西莉亞深入山區與卡斯楚並肩作戰，她的右邊是勞爾，左邊正是卡斯楚。

間，兩人藉祕密通信互吐愛意，也談論政治與哲學。卡斯楚流亡墨西哥後，兩人足足有四年未見面，娜達莉亞於一九五六年為卡斯楚生下女兒艾琳娜（Alina Fernández，1956-）。革命成功後，卡斯楚雖然立即與娜達莉亞會面，同時與親生女兒艾琳娜首次見面，但這段情終究隨著革命結束而劃下終止符。值得一提的是，艾琳娜於一九九三年毅然反對父親，持假護照逃至西班牙，隨後落腳邁阿密，並於一九九八年出版自傳《卡斯楚叛逆女兒的回憶》（*Las memorias de la hija rebelde de Fidel Castro*）。

卡斯楚的女人之中，西莉亞（Celia Sánchez，1920-1980）應該最特別。她係醫生之女，家境富裕，卻有志投入革命，並成為「七二六運動」組織成員之一。卡斯楚從墨西哥返回古巴時，西莉亞負責召募馬艾斯特拉（Maestra）山區農民，共同響應革命。西莉亞被譽為革命之花，習慣在耳鬢別上一隻白蝴蝶或一朵鮮花，象徵自由信差。後來迫於當時政府的追捕，西莉亞進入山區與卡斯楚並肩作戰。革命勝利後，西莉亞是卡斯楚的左右手，不幸在一九八〇年死於肺癌。她終生未嫁，一直是卡斯楚的密友與紅粉知己，兩人情人關係的傳聞從未斷過。

最戲劇化的情人非瑪莉塔．羅倫茲（Marita Lorenz，1939- ）莫屬，彷彿電影情節一般。瑪莉塔是德裔美國人，父親是商船船長。一九五九年，瑪莉塔搭乘父親的豪華遊輪「柏林號」（MS Berlin）來到哈瓦那，在卡斯楚登船參觀之際，兩人相識，並成了卡斯楚的女人，也懷了孕，卻在孕期第七個月流產。之後，瑪莉塔返回美國，被中情局吸收而訓練成特務。一九六〇年，瑪莉塔再度返回哈瓦那，意圖在卡斯楚的食物內下藥，被卡斯楚發現。纏綿情愫令她失手，也讓他原諒她。其實，瑪莉塔當年並非流產，而是早產，那孩子至今仍活著。

妲麗亞（Dalia Soto del Valle）應是最甘於孤寂的女人，而且行事低調，為卡斯楚產下五子，在西莉亞過世後，取而代之成為卡斯楚最倚賴的女人，於一九八〇年正式成為卡斯楚的第二任妻子，伴卡斯楚走到他的人生終點。妲麗亞早年是教師，響應卡斯楚政府的掃除文盲運動，因而與卡斯楚結緣。不過，妲麗亞從未扮演第一夫人的角色，她在一九九九年才首次出現公開場合，陪卡斯楚出席古巴對委內瑞拉的棒球賽。二〇〇一年以降，隨著卡斯楚身體健康漸漸走下坡，妲麗亞的曝光率逐漸增高。

叱吒風雲的游擊隊總司令，在改寫古巴歷史之際，也為自己寫下最浪漫情史。不過強人也有服輸的一天，即便有眾多情婦，終需一個真正的妻子！

拉丁美洲的女總統

據信，美洲原住民有一個古老傳統，女嬰出生後，父母會將她的臍帶埋入廚房的灰堆裡，這樣她就會知道她位置在哪裡。直至目前為止，拉丁美洲出現了十一位女總統，從廚房到戰場、從家事到國事，拉丁美洲女人絕對知道她的位置在何處。

晚近，女性政治人物一直是全球焦點，臺灣也於二〇一六年三月十六日選出第一位女總統。拉丁美洲在沙文主義的宰制下，直至目前為止，竟然出現了十一位女總統，這樣的數字並不代表女權在拉丁美洲已受到重視，反而凸顯拉丁美洲政治環境的獨特性。

按照其就職日期，這十一位女總統依序為：阿根廷的伊莎貝爾・貝隆、玻利維亞的莉迪婭・蓋萊爾（Lidia Gueiler Tejada，1921-2011）、海地的艾達・帕斯卡（Ertah Pascal Trouillot，1943-）、尼加拉瓜的奧萊塔・查莫洛（Violeta Barrios de Chamorro，1929-）、厄瓜多的羅莎麗亞・阿特亞加（Rosalía Arteaga Serrano，1956-）、蓋亞那的珍妮特・羅森堡・賈根（Janet Rosemberg Jagan，1920-2009）、巴

拿馬的米雷婭・莫斯科索（Mireya Moscoso，1946-）、智利的蜜雪兒・巴切萊特、阿根廷的克里斯蒂娜・費南德茲（Cristina Fernández de Kirchner，1959-）、哥斯大黎加的秦齊亞（Laura Chinchilla，1959-）、巴西的迪爾瑪・羅塞夫。

▲ 蜜雪兒・巴切萊特的父親在軍政府時期遭刑求致死，她與母親則被迫流亡海外，智利回歸民主後，她兩度當選智利總統。圖為蜜雪兒・巴切萊特第二次投入總統大選時的競選海報。

這十一位女總統各有其際遇。

有人在軍方的虎視眈眈下，度過驚濤駭浪的代總統生涯，終究難逃流亡的命運，即：阿根廷的伊莎貝爾．貝隆、玻利維亞的莉迪婭．蓋萊爾。有人儼如曇花一現般，僅當了六天的代理總統，成為史上任期最短的女總統，即：厄瓜多的羅莎麗亞．阿特亞加。有人成了世界上首位黑人女總統，順利完成將近一年的代理總統任期，並將政權交給新選出的總統，即：海地的艾達．帕斯卡。有人在內戰頻仍的氛圍下，當選拉丁美洲第一位女性民選總統，在六年任期內使政局呈現和平穩定，即：尼加拉瓜的奧萊塔．查莫洛。有人以遺孀兼同志的身分，延續丈夫的總統路，即：蓋亞那的珍妮特．羅森堡．賈根、巴拿馬的米雷婭．莫斯科索；其中，米雷婭在她的任內第二年，收回巴拿馬運河。有人出身中產階級，早期投入社會運動，極力推動民主政治，最後成為總統，即：哥斯大黎加的秦齊亞。

南美洲 ABC（阿根廷、巴西、智利）三國更是改寫歷史，有一段時期（2014-2015）全為女性國家元首。蜜雪兒．巴切萊特乃屬左派，在右翼軍事獨裁時期，官拜空軍少將的父親因效忠前朝而入獄，並遭刑求致死，自己與母親則被迫流亡海外，終於在二〇〇五年當選智利首位女總統，又在二〇一三年以高支持率第二度當選總統。克里斯蒂娜．費南德茲挾帶夫婿基什內爾四年任期的政治資源，於二〇〇七年當選阿根廷第一位民選女總統，並於二〇一一年再度蟬聯總統寶座。迪爾瑪．羅塞夫也不遑多讓，她在一九七〇年代即積極參政，亦曾因加入反獨裁的左翼地下組織而入獄，獲釋後仍繼續從政，於二〇一一年當選巴西首任女總統，並在二〇一四年再度連任，從游擊隊員到國家元首，迪爾瑪的確令人刮目相看，卻也因時運不濟，在二〇一六年八月三十一日遭彈劾而被迫提早下臺。

無論出身政治世家、抑或接收丈夫的政治資源，無論在任期內遭政變下臺抑或順利完成任期，這十一位女總統已為拉丁美洲寫下不可思議的歷史扉頁，紛紛創下許多第一與唯一。

這十一位女總統均誕生在中美洲和南美洲。位於北美洲的墨西哥，曾出現五位女性總統候選人，只可惜墨西哥的女性政治人物仍無法突破玻璃天花板效應。

據信，美洲原住民有一個古老傳統，女嬰出生後，父母會將她的臍帶埋入廚房的灰堆裡，這樣她就會知道她的位置在哪裡。在前哥倫布時期，女人平常育兒、烹飪、做家事，一旦部落有難，女人會挺身而出。同樣，在獨立戰爭時期，女人也會走出廚房，默默參與戰事，以生命捍衛國家。今日，在紛擾的政治生態裡，女人仍可脫穎而出成為國家元首。從廚房到戰場、從家事到國事，拉丁美洲女人絕對知道她位置在何處。

以一四九二年為歷史分水嶺，新舊大陸之間的飲食習慣差異性極大。美洲大陸以玉米、馬鈴薯、藜麥為主食，兼食番茄、酪梨、辣椒、仙人掌等，食譜中尚有毛蟲、蚱蜢、螞蟻卵、天竺鼠……每一項食材、每一道佳餚，無不象徵大地之母的智慧結晶。

5. Chapter
珍饈與佳餚

玉米：實踐資本主義的全球化夢想

哥倫布開啟航海新紀元之際，同時也拉開作物全球化的序幕。玉米、番薯、馬鈴薯、番茄、酪梨、辣椒、可可、香草、菸草等美洲原生種植物，隨著探險家四處移植，改變了人類的飲食習慣與生活形態，其中，玉米甚至實踐了資本主義的全球化夢想。

為西班牙開拓新航道乃促成哥倫布成功橫渡大西洋的動機，而找尋黃金和香料則為開拓新航道的目的。只是，當哥倫布抵達美洲後，並未找到大量的黃金，也沒發現荳蔻、丁香、胡椒和肉桂之類的香料，卻意外闖入一個神祕的植物世界。

隨著美洲的神祕面紗被掀開，美洲原生種植物被移植至世界各地，意外改變人類的飲食習慣與生活形態。沒有可可，就少了今日最具浪漫意義的巧克力；沒有辣椒，那麼麻婆豆腐鐵定在美食中除名；沒有馬鈴薯，歐洲的飢荒時期也許會更加雪上加霜；沒有番茄，今日的生菜沙拉可能會遜色許多；沒有橡膠，汽車工業應該不會如此進步。對人類影響深鉅的還有菸草、古柯等，因含有生物鹼，在不當使用下，令人類上癮五百年，甚至危害健康，而被歸為「毒品」。

至於玉米，則成為資本主義實踐全球化的黃金作物。玉米含醣類、蛋白質、胡蘿蔔素、黃體素、玉米黃質、磷、鎂、鉀、鋅、維生素A、B、E等，營養極高。隨著拓殖者往外傳播，演變成全球性作物，供人類和牲畜食用，並可釀酒，亦可生產食用油、工業原料等相關副產品，近來又被提煉出生質能源，其經濟價值相當高，是今日全球總產量最高的糧食作物，超過稻米與小麥。

玉米的歷史可追溯自七千年前，五千年前被馴化，為美索亞美利加（Mesoamérica）[21]各聚落的主

21 今日墨西哥及中美洲一帶，曾孕育出奧爾梅克（Olmeca）、馬雅、阿茲特克等文明，而這些古文明有其相似性，例如：以玉米為主食，信奉太陽神、雨神、羽蛇神（Serpiente Emplumada）等，使用二十進位法，發展出象形文字，兼用太陽曆和祭祀曆。人類學家於是稱之為美索亞美利加，意指介於南北美洲之間的地帶。

▲ 馬雅神話記載，完美人類係由玉米麵團所造，玉米是美洲許多部落的精神食糧，並發展出各種玉米食譜。圖為泡水膨脹後的玉米粒，是玉米鹹粥的基本食材。

▼ 以玉米餅包捲菜餚就食的習慣，從前哥倫布時期流傳至今。玉米餅對中美洲人的重要性，就如麵包之於歐洲人。家庭主婦將玉米餅烤好後，上桌前會以方巾包裹保溫，個人可在玉米餅上隨意放置適量食物，將餅對折後就食。

食；三千年前移植到南美洲，與馬鈴薯並列為重要糧食。起初，玉米穗細小，顆粒也相當稀疏，隨著農業技術進步，玉米也越來越壯碩飽滿，顏色有白、黃、紅、青、黑、雜色等種類。玉米在美洲古文明裡扮演不可或缺的角色，被視為神聖植物與精神食糧，各族群不僅崇拜玉米神，也流傳著與玉米相關的神話。

根據馬雅聖書《波波烏》（*Popol Vuh*）所記：天神地祇摶土造人，但泥人過於沉重且不會動，開口說話又不知所云，天神地祇便將之投入水中溶化；天神地祇再刻木造人，木頭人愚昧又驕恣，不會讚美神，天神地祇只好命令雨神降下豪雨，消滅木頭人；最後天神地祇以玉米麵團成功造人，人類由此繁衍，因此「玉米人」也被稱為完美人種。

美索亞美利加的原住民將剝下的玉米粒碾碎，加入石灰揉成麵團，再將小塊麵團以雙手拍成巴掌大的玉米餅（tortilla），置於烤盤烘烤後，即可包捲菜餚就食。玉米餅對美索亞美利加的重要性，就如麵包之於歐洲。乾燥後的玉米餅可長久保存，供存糧之用。除了玉米餅之外，尚有玉米粽（tamal）、玉米鹹粥（pozole）等各種料理，連長在玉米穗表面的黑色蕈類（huitlacoche）亦是珍貴食材。

在南美洲，印加文明稱穀物女神為「玉米媽媽」或「薩拉媽媽」（Mama Sara），主宰玉米與其他作物生長，每年均舉行祈求玉米豐收祭典。安地斯山區的玉米烹調方式與美索亞美利加頗為相似，最常見的是將剝下的玉米粒加入石灰一起水煮；或將玉米粒放入陶鍋內加熱乾炒至裂開，而這種乾爆玉米粒應該就是今日爆米花的前身。也可以玉米苞片包裹玉米麵團，做成粽子。此外，由玉米釀造的奇恰酒（chicha）則是神聖飲品。

玉米不僅是食材，也是藥材。古印地安人以玉米鬚熬汁作為利尿劑，治療腎臟機能障礙所引起的水腫；由玉米鬚和玉米苞片所搗成的藥糊，可治療膿包；以玉米粉、可可粉調水煮成的玉米糊，則可增強消化機能，是平時的保健食品。

一四九二年，哥倫布抵達加勒比海時即發現玉米這項作物，在隔年返航時便將玉米帶回歐洲。西班牙拓殖者入主美洲之後，並不特別喜歡玉米的口感，而引進小麥等歐洲作物。然而，這個生養「玉米人」的植物不僅沒被小麥取代，反而漸漸虜獲西班牙人的心，更成為全球性的糧食作物。從神聖植物到黃金作物，從精神食糧到經濟作物，玉米實踐了資本主義的全球化夢想。

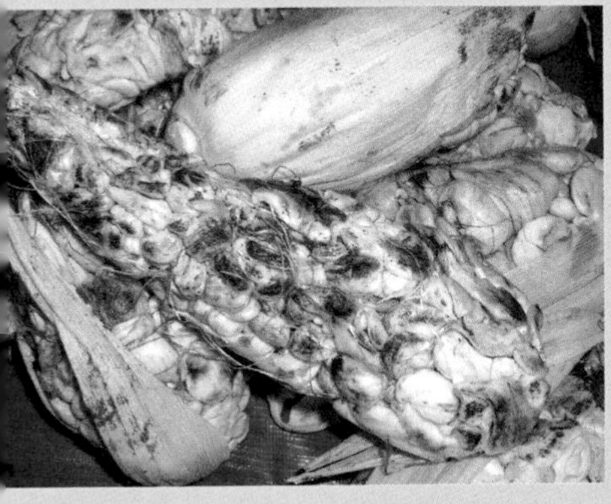

▲ 烤玉米粒口感酥脆，是南美洲的典型美食，而南美洲也頗引以為傲，認為比現代的爆米花還可口。

▼長在玉米穗表面的黑色蕈類是珍貴食材，在墨西哥公認其美味不亞於松露。

墨西哥食譜的憂鬱和激情

民以食為天，食色性也，還有什麼藝術能如美食那般牽動情緒？墨西哥美食尤甚，善於融合多種食材，不僅充滿戲劇性，也絕對挑逗味蕾，令人陶醉於既憂鬱且激情的饗宴之中。

廚藝雖不在傳統「八大藝術」之內，然而，飲食文化與人類歷史同行，數千年來，廚藝不斷推陳出新，人類也越來越懂得品嚐辨味。亦即，飲食不只滿足口腹之慾，也是藝術，係由視覺、味覺、嗅覺交織而成的饗宴，可以愉悅身體感官，慰藉久結憂悒，喚醒沉睡靈魂，撩撥曖味情愫。

民以食為天，食色性也，還有什麼藝術能如美食那般牽動情緒？墨西哥美食尤甚。昔日阿茲特克帝王餐桌上一道道的珍饈美饌，無不令初來乍到的西班牙征服者大開眼界，這些佳餚並未隨著阿茲特克帝國的殞落而被遺忘，卻融入舊大陸的食材與烹調法而展現新貌。的確，墨西哥美食善於融合多種食材，不僅充滿戲劇性，也絕對挑逗味蕾，令人陶醉於既憂鬱且激情的饗宴之中。

廚房乃美食的實驗室，從殖民地建築風格即可窺見其重要性。一般而言，殖民時期的廚房均十分寬敞，除了數個大小爐灶之外，檯上、牆面、牆角擺滿琳瑯滿目的陶瓷或石製器皿，另外還必須有一張大工作檯。婦女在廚房內不只忙著作羹湯，亦在廚房裡兼作女紅或其他家事，廚房因而成為全家大小聚會談心的重要空間。

自古，女人地位遠不如男人乃不爭的事實，必須依附在男人羽翼下。婦女不僅無受教權，也不參聞政事，且不能超越男人。在性別的規範下，女人自幼即以廚房為生活重心。或為討好男人、或為打發時間、或為發洩精力，或為節慶應景，墨西哥婦女就在壓抑中不斷研究菜色。墨西哥小說家艾斯奇維（Laura Esquivel，1950-），即以不同美食為背景創作出《巧克力情人》（*Como agua para chocolate*），傳遞飲食男女的情慾，且把女人在廚房內烹飪情緒描寫的淋漓盡致：「只有鍋子才能感覺湯汁沸滾……」

不讓家庭主婦專美於前，修女也是墨西哥飲食文化的幕後推手。在拓殖初期時，受到天主教唯靈主義的鼓舞，墨西哥儼然神應許的新天新地，也彷彿宗教寓言劇的新舞臺，各修會團體隨著征服者進駐，教堂與修道院林立。廚藝是修女的必要日課，除了供給自家膳食外，亦提供餚饌給其他男修會團體、或招待副王等王公貴族。修女的手藝竟然讓墨西哥美食更加多元。

歷經前哥倫布時期、西班牙拓殖、獨立建國、法國入侵、美墨戰爭、大革命、各國移民大量湧入，以及今日所謂的「全球化」時代，每段時期或為墨西哥美食貢獻新食材、或增添新滋味。不變的是，玉米、黑豆和辣椒乃不可或缺構成墨西哥美食三大基本食材，並與其他各種食材不斷調合搭配，衍生出更多的菜色。

　辣椒在美洲已有九千年的歷史，六千年前被馴化。據說，玉米王子經歷了一連串不幸後，決定化為鹿遁世，就在離去前送給人類玉米，並流下兩滴血，分別變成辣椒和番茄。在前哥倫布時期，辣椒被視為貢品，而酋長也以辣椒犒賞工匠。據統計，光墨西哥的辣椒品種即多達五十餘種，其中約二十種用於入菜，顏色有紅、黃、綠等，味道從香甜到辛辣不等，挑戰人類味蕾的極限。當舌頭嚐到辣椒所含的辣椒素（capsaicin），會產

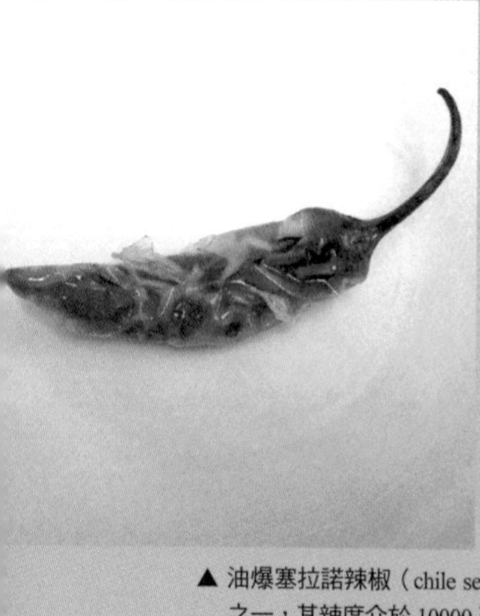

▲ 油爆塞拉諾辣椒（chile serrano）。塞拉諾辣椒為墨西哥原生種，也是墨西哥消費量最高的辣椒之一，其辣度介於 10000 至 23000SHU 之間。

▶ 辣椒醬在墨西哥餐桌上扮演要角，堪稱憂鬱和激情的揉合。少了辣椒醬，墨西哥菜餚肯定不盡完美！

生燙傷般的訊息，腦部接收到訊息後，分泌出腦內啡（endorphin），一種類似嗎啡的物質，讓原來的疼痛訊息變成刺激感覺，多食之後會上癮，甚至令人安神忘憂。

辣椒應該最能展現墨西哥記憶的食材之一。或製成醬汁、或直接入菜，或當成佐料、或做為主菜，今日有九成的墨西哥佳餚少不了辣椒。要做出道地的醬汁，須將辣椒等材料放入火成岩做成的磨臼內，再一一仔細研磨，手工研磨後的味道、口感，絕對有別於用果汁機攪拌成而的一般醬汁。

佐料內沒有辣椒，就不能稱為墨西哥醬；玉米捲沒有醬汁陪襯，那就不盡完美；少了憂鬱和激情的揉合，更不能稱為墨西哥美食！

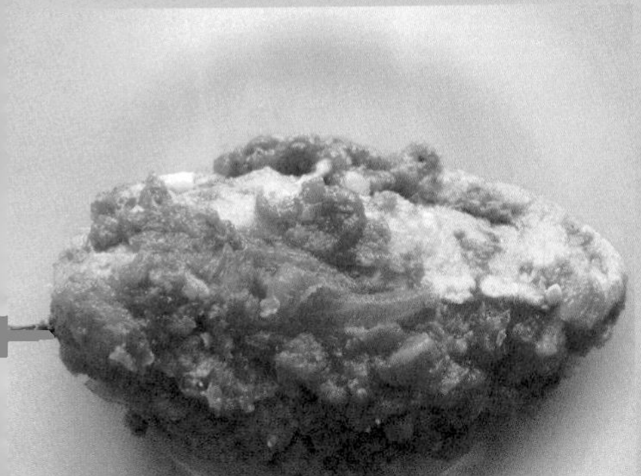

▶ 這道庶民美食既憂鬱且幽默，名為「離婚蛋」（huevos divorciados），半熟的雞蛋，分別淋上由不同辣椒做成的紅醬和綠醬，中間並以對折的玉米餅隔開，旁邊再佐上黑豆泥。

◀「青椒鑲肉」雖為國民菜，卻是千變萬化，作法也十分繁瑣，有剝膜、去籽、備餡、填塞、裹粉、油炸、燉煮、佐醬等程序。

既憂鬱且激情的墨西哥味道

墨西哥人引以為傲的醬汁首推「莫蕾」，嚐起來有前、中、後漸層濃郁不一的奇妙味道，滿足了美食家的味蕾；而國菜「核桃醬佐青椒鑲肉」，以味道、口感和視覺紀錄坎坷歷史，譜寫光榮獨立，投射出墨西哥政治上充滿憂鬱與激情的歷程。

食譜紀錄了愛情和家傳偏方，食譜也紀錄了智慧和養生觀念，食譜更紀錄了政治和意識形態，細膩地將廚房內的各種情緒昇華為雋永、燒出文化饗宴。從每日餐桌上的菜色到節慶的應景佳餚，無不嚐到最細膩、最繁複、最原創、最具民俗色彩的味道，而這讓墨西哥菜躋身世界五大美食之一，與中國、法國、西班牙、印度齊名。

在前哥倫布時期，原住民飲食即善於摻合各種食材，而這也造就出墨西哥美食以融合見長，尤其是五花八門的醬汁與佐料。為了研磨並摻合各種食材，兩款由火成岩做成的磨臼，是傳統墨西哥廚房的必備器具，而古代婦女通常跪著以手握著石杵，用這兩款磨臼研磨食材。一為圓形（molcajete），如盆碗一般，底座有三足；另一種則為長方形（metate），中間部分略呈圓弧凹陷。

▲ 可可豆在前哥倫布文明被當成貨幣，可可豆是巧克力的原料，巧克力不僅是飲品、或甜食，亦可入菜。

▶ 火成岩做成的圓形與方形磨臼。

除了各式的辣椒醬之外，墨西哥人引以為傲的醬汁首推「莫蕾」，一種由芝麻、花生、肉桂、大蒜、茴香、胡椒、辣椒、葡萄乾、巧克力、奧勒岡葉等，三十多種食材消融而成的濃稠醬汁。「莫蕾」，是我翫味文字，音譯自其原文，亦有人譯為「混醬」或「巧克力辣醬」。以巧克力入菜是今日墨西哥美食的特色之一，而「莫蕾」因為多種食材，嚐起來有前、中、後漸層濃郁不一的奇妙味道，滿足了美食家的味蕾，很難只以一個「辣」字來形容之。

「莫蕾」有其原住民的傳統，也有伊比利文化的特色，在時間的淬鍊下，發展出多種口感及不同色調的醬汁；其中，以普埃布拉地區所調製的「莫蕾」最具代表，其食譜配方追溯至十七世紀當地一間修院的修女，為了款待來訪的副王及大主教一行人，特別精心研磨數十種食材，以文火慢慢熬煮而成。今日，將「莫蕾」淋在雞腿上，旁邊飾以米飯或黑豆泥等，即為一道最富民族風的「莫蕾佐雞腿」（mole con pierna）。一九九〇年諾貝爾文學獎得主帕斯就曾以「華麗」（suntuosa）一詞來描繪「莫蕾」，顯示那費工費時的細緻烹調法：

> 烹調傳統呈現出咱們喧天價響的崇拜文化，既憂鬱又激情的佳餚，就如同「莫蕾」一般，或紅、或綠、或黃的濃稠華麗醬汁。

「莫蕾」咀嚼在口，絕對令人嚐出墨西哥庶民那既憂鬱又激情的味道！同樣交織著憂鬱與激情的菜餚，還有「青椒鑲肉」（chile relleno），這道菜的歷史可回溯至西班牙拓殖時期，堪稱最普遍的國民菜，卻是千變萬化，過程也十分繁瑣：剝膜、去籽、備餡、填塞、裹粉、油炸、燉煮、佐醬……每位廚師、甚至每個家庭都保有其獨特的作法與口味，最後更衍生出國菜「核桃醬佐青椒鑲肉」（chile en nogada），以味道、口感和視覺，紀錄坎坷歷史，譜寫光榮獨立，投射出墨西哥政治上充滿憂鬱與激情的歷程。

「核桃醬佐青椒鑲肉」有墨西哥國菜之稱，紅色石榴、乳白色核桃醬、綠色大青椒，正好代表墨西哥國旗的紅、白、綠三色，分別象徵先賢先烈的血、火山波波卡特佩特（Popocatepetl）山峰上的皚皚白雪、墨西哥大地的綠野。亦有一說，紅色為團結，白色乃信仰，綠色是獨立，代表墨西哥的國格。這道菜有其典故：墨西哥於一八二一年脫離西班牙獨立，伊圖爾維德（Agustín de Iturbide，1783-1824）組成政府委員會掌握大權，並於隔年稱帝，將墨西哥改制為帝國，聖女莫尼加修院（Convento de Santa Mónica）的修女為了慶賀新王登基，而鑽研出「核桃醬佐青椒鑲肉」。

做墨西哥辣醬時，得仔細揉合番茄籽和辣椒籽；做核桃醬時，得耐心剝殼，去除核桃表面的膜，再慢慢加入乳酪、奶油等其他食材一起研磨；如此繁複作法，儼然神聖儀式。二〇一〇年，墨西哥美食被列入聯合國教科文組織人類非物質文化遺產名錄，果然實至名歸！

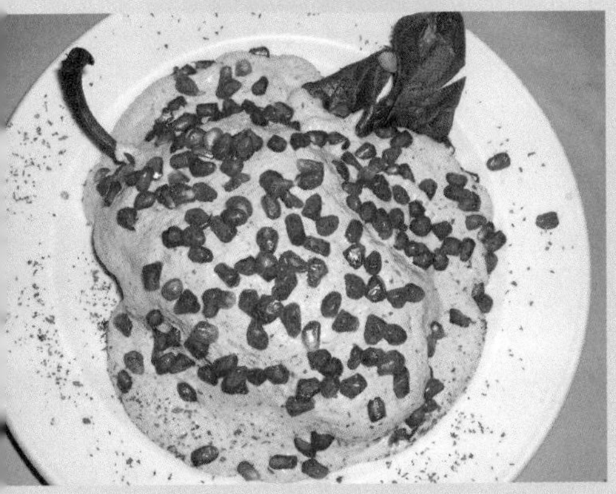

▲「莫蕾」顏色有黑、有紅、有黃、有綠，隨不同食材而變化多端，正如這道粉紅「莫蕾」佐雞腿，憂鬱中略帶曖昧。

▲▲ 奧勒岡葉等三十多種食材消融而成，淋在雞腿上，再飾以芝麻，搭配米飯、或黑豆泥等，即為一道最富民族風的墨西哥美食。

▼紅色石榴、乳白色核桃醬、綠色大青椒，正好代表墨西哥國旗的紅、白、綠三色，「核桃醬佐青椒鑲肉」因而有墨西哥國菜之稱。

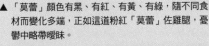

仙人掌：墨西哥不可或缺的文化圖騰與經濟作物

團扇仙人掌原產地為墨西哥高原，其歷史可追溯至一萬年以前。在前哥倫布時期，原住民已懂得善用團扇仙人掌，不僅可做為食材和藥材，尚有其他用途。今日，團扇仙人掌是墨西哥不可或缺的文化圖騰與經濟作物。

大家常會在書桌、茶几、陽臺上擺一盆仙人掌，增加綠意，或當成療癒植物。以火龍果入菜、或做為餐後水果，也習以為常。墨西哥素有仙人掌國度之稱，仙人掌對墨西哥意義深遠，可從古文明談起。

根據阿茲特克神話，日神與月神誓不兩立，日神終究戰勝了月神，月神之子科比（Cópil）被當成祭品奉獻給日神；科比那顆仍舊跳動的心，落在岩石上，不久後便長出一株結實纍纍的仙人掌，一隻老鷹以這株仙人掌為棲所。仙人掌果（tuna）彷彿人的心臟一般，象徵生命。老鷹在神話裡常被比喻為敏捷，是日神的使者，而老鷹將仙人掌踩在腳下，鷹爪並抓著一顆仙人掌果，儼然祭司握著仍有餘溫的心臟，意味著日神凌駕月神之上。身兼日神的戰神於是賜予阿茲特克人神諭，以此神聖圖像為藍本，找尋建國基地：一隻叼著蛇的神鷹棲息在仙人掌上。

一三二五年，阿茲特克人終於根據神諭找到建國基地，建立都城特諾奇提特蘭，而阿茲特克的納

▲ 團扇形仙人掌原產於墨西哥高原，也是最足以代表墨西哥的植物。團扇形仙人掌的經濟價值極高，可做為食材、藥材，其汁液可當成潤滑劑，附著於表面的胭脂蟲則是紅色染料的來源。

◀ 團扇形仙人掌的肉質莖是美味食材，涼拌、熱炒、火烤皆宜。

▶ 團扇形仙人掌的果實甜美多汁，每年七月至九月是盛產期，根據不同品種，果肉顏色或紅、或黃、或綠。圖為剝皮後再撒上辣椒粉的仙人掌果。

瓦語「Tenochtitlán」正是仙人掌之地。

全球仙人掌科植物逾三百七十屬，分布在墨西哥就多達一百屬，其中的六十屬為原生於墨西哥，有團扇形、灌木狀、圓柱形、圓球形、攀爬形、匍匐型，大大小小，林林總總，足以叫人眼花撩亂。神諭所指的是一種有團扇肉質莖的仙人掌科植物，學名為「Opuntia dillenii」，納瓦語稱之「nopalli」，現代墨西哥人則將之簡化為「nopal」，讀音為「諾巴爾」。團扇仙人掌原產地為墨西哥高原，其歷史可追溯至一萬年以前，透過鳥類的傳播而散布到美洲其他乾旱地區，北自加拿大、南至阿根廷皆可窺見蹤影。

在前哥倫布時期，美索亞美利加部落無役獸協助搬運工作，也不知輪子為何物，竟然可以興建出宏偉的金字塔，其中的奧祕就在於仙人掌。古印地安人利用圓木的滾動原理做為運輸工具，將大石塊置於圓形枕木上，以人力拖拉，為減輕搬運時的摩擦力，而將仙人掌肉質莖的溼滑凝膠塗抹於枕木上，做為潤滑劑。

團扇仙人掌亦可做為食材和藥材。削掉圓扁肉質莖上的尖刺，橫切成細條，煎炒調味後即可入菜，甚至還可變化出各式各樣的菜餚，涼拌、熱炒、火烤皆宜，係墨西哥最普遍的食材。而仙人掌果香甜多汁，果肉顏色或紅、或黃、或綠，是墨西哥乾旱高原上最珍貴的果實之一。

《弗倫提諾古抄本》（*Códice Florentino*）紀錄了阿茲特克人如何以團扇仙人掌為藥方，治療各種疾病。例如：利尿、消腫、降血糖、治挫傷、消炎解熱、癒合骨折、治療燒燙傷、排除體內寄生蟲、舒緩扁桃腺發炎、治療皮膚膿瘍、幫助婦女順利分娩、增加產婦分泌乳汁。現代醫學證實，團扇仙人掌富含蛋白質、礦物質、維生素、β-胡蘿蔔素、十八種氨基酸，可增加人體免疫力，對癌症、心血管疾病、糖尿病皆有相當療效。晚近，由團扇仙人掌所萃取的保健食品頗受青睞。

古印地安人種植仙人掌預防風蝕地形，將仙人掌視為天然籬笆防止齧齒科動物危害玉米等作物，以乾枯的莖幹做為柴火，以附著於仙人掌表面的胭脂蟲為紅色染料。胭脂蟲其實是仙人掌的病蟲害，蟲子體形微小，外觀呈白色，但體內充滿鮮紅汁液，用於染布或做為繪畫原料。為了大量採集胭脂蟲，古印地安人早已藉人工方式繁殖胭脂蟲。西班牙人進駐墨西哥後，見識到這種美麗的紅色天然染料，莫不為之瘋狂，進而引進歐洲。十七世紀，胭脂蟲成為銷往西班牙的重要產品之一，與黃金白銀一樣貴重。

墨西哥大量種植團扇仙人掌，是不可或缺的經濟作物，然而，並非所有仙人掌科植物均可做為日常的食材或藥材。有些仙人掌含大量生物鹼，食用後會引起致幻作用，劑量低有鎮定效果，劑量高則可能致命。例如，俗名「peyote」[22]的烏羽玉（Lophophora williamsii），其致幻毒素與 LSD 類似，已被墨西哥政府列為毒品，請勿食用。

22 音譯為「白藥帖」。

▲ 墨西哥廚師頗具巧思，將團扇仙人掌橫切成細條，拌入雞肉，以紙包裹後烘烤，最後裝飾生菜沙拉和辣椒，即可上桌。

從毛蟲到螞蟻卵：豪華餐廳裡的珍饈

在前哥倫布時期，墨西哥一帶約有九十五種昆蟲被當做食物來源。早期以鹽、辣椒與昆蟲的簡單烹調法，隨著時間淬鍊，蔚為墨西哥最富歷史內涵的食譜，庶民飲食蛻變成豪華餐廳的饗宴。

世界各地以昆蟲為食材的飲食文化，並非新聞，例如：蠶蛹、蠍子、竹蟲……在前哥倫布時期，墨西哥一帶約有九十五種昆蟲被當做食物來源，其中，以毛蟲（gusano de maguey）、蚱蜢（chapulines）、螞蟻卵（escamoles）最為特別，而這幾樣食材至今仍是瓦哈卡、普埃布拉、瓜納華托（Guanajuato）、特拉斯卡拉（Tlaxcala）等地的傳統美食，帶有粗獷的鄉野色彩。由於富含蛋白質，頗受歡迎，歷久不衰，從原來的庶民飲食蛻變成豪華餐廳的饗宴。

俗稱「maguey」的龍舌蘭是墨西哥高原最常見的植物，鱗翅目昆蟲如蝴蝶等，喜歡在龍舌蘭葉片中產卵，待卵孵化長成幼蟲後，農民便挑出毛蟲加以利用，其中以紅、白毛蟲最受農民青睞。農民將幼蟲泡入「梅斯卡」（mezcal）龍舌蘭酒內，增加酒的風味，或將幼蟲烤熟後，磨成粉拌上細鹽，製成「毛蟲粉拌細鹽」（gusano con sal），當成調味料。

哈瓦卡當地有一則毛蟲與龍舌蘭的傳說，頗引人遐想。傳說，龍舌蘭女神有四百個乳房，象徵龍舌蘭的鱗莖富含汁液，龍舌蘭女神鎮日悠遊在樂園之中，卻經常覺得莫名的亢奮，原來她心中的毛蟲勾起情慾，於是以四百個乳房餵養崇拜她的男人。一日，美麗的龍舌蘭女神邂逅了英俊的恰克（Chac），女神的熱烈追求反而讓恰克卻步。女神不死心，終於有機會獻出她最誘人的乳房，乳汁彷彿春藥，恰克飲足後熱淚盈眶，央求著說：「讓我成為神、或者妳變成女人。」龍舌蘭女神聽了之後感動不已，於是從心中取出一隻毛蟲給恰克吃下，恰克一吃便化為雨神，將龍舌蘭女神擁入懷中七天七夜。事後，化成雨神的恰克飛往天際，獨留龍舌蘭女神在凡間癡情等待她的真愛。

毛蟲富含蛋白質。在前哥倫布時期，毛蟲被視為壯陽藥，古印地安人常以毛蟲入菜。昔日，鹹炒毛蟲是農家最普通的家常菜；今日，鹹炒毛蟲拌上酪梨醬，再佐上玉米餅，搖身一變成為昂貴的料理。

蚱蜢又名蝗蟲，墨西哥人稱之為「chapulín/chapulines」，源自阿茲特克的納瓦語。蚱蜢對農作而言是害蟲，卻是人類重要的食物來源之一，蚱蜢在墨西哥被當成食材已有三千年之久，在前哥倫布時期，農民即在初夏至初秋之際，為玉米田除害蟲，於是捕捉蚱蜢食用。寄生於玉米田裡的蚱蜢最受饕客喜愛，因為蚱蜢啃食玉米後，本身也帶有甘甜的玉米香氣。每一百公克的蚱蜢約有七十公克的蛋白質含量，比同樣重量的牛肉高出許多。此外，蚱蜢還含有鈣、鋅、多種維生素和礦物質，卻不含脂肪，因此被當地視為健康食物。

各地的蚱蜢料理略有不同，以瓦哈卡的作法為例：先將蚱蜢洗淨瀝乾後，與大蒜、辣椒一起烘烤，最後淋上檸檬汁，並灑上添加了細鹽的毛蟲粉。在瓦哈卡街頭，不時可窺見當地婦女向觀光客兜售已烤熟的蚱蜢。烤熟的蚱蜢可當成點心直接食用，或以玉米餅包捲就食，最佳搭配的飲料為啤酒或「梅斯卡」龍舌蘭酒。瓦哈卡流傳著一種說法，凡嚐過瓦哈卡美食之人，一定會對當地美食念念不忘，尤其是瓦哈卡的蚱蜢滋味肯定會令人覺得齒頰留香。

至於螞蟻卵，其實指的是一種學名為「Liometopum apiculatum」的螞蟻幼蟲。這種螞蟻生長於海拔一千至二千五百尺的高原，分布範圍很廣，自美國南方一直綿延至墨西哥的猶加敦半島。據說，在前哥倫布時期，古印地安人因旱災而四處覓食，後來發現了地底下的蟻窩，螞蟻幼蟲自此成為不可或缺的食材。這種螞蟻十分凶猛，通常在龍舌蘭科或仙人掌科植物下方數公尺處築窩，不容易被發現。取得幼蟲時機為每年的三至四月。一個狀態良好的蟻窩可維持四十年之久，因此在採收幼

▲ 蚱蜢的蛋白質含量高，並有鈣、鋅、多種維生素和礦物質等營養，乾炒蚱蜢是瓦哈卡的飲食特色。

▶ 昔日，鹹炒毛蟲是農家最普通的家常菜；今日，鹹炒毛蟲拌上酪梨醬，再佐上玉米餅，搖身一變成為豪華餐廳的昂貴料理。

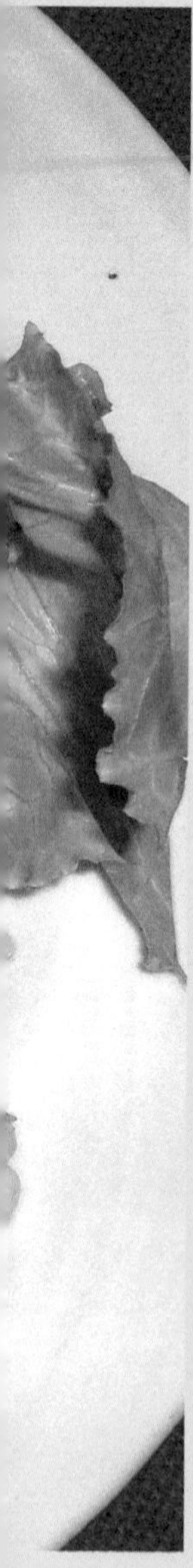

蟲時必須格外小心，除了慎防螞蟻螫傷之外，也避免破壞蟻窩。

雖然在鄉間，偶而會有小販在路邊販賣炒熟的螞蟻幼蟲，然而，螞蟻幼蟲在今日是昂貴食材，特定的豪華餐廳無不講究這道菜的擺盤技巧。墨西哥人稱螞蟻幼蟲為「escamoles」，亦源自阿茲特克的納瓦語，最簡易作法為：先將螞蟻幼蟲洗淨瀝乾後備用，洋蔥、蒜頭、辣椒、土荊芥（Dysphania ambrosioides）切成碎末後以奶油爆香，拌入螞蟻幼蟲煎炒，最後加鹽調味，並搭配酪梨醬。

螞蟻幼蟲又有「墨西哥魚子」之美譽，其蛋白質含量約為重量的百分之六十，並有脂肪、各種維生素及礦物質等營養。在美味及奇特的推波助瀾下，這道承襲自古印地安文化的傳統佳餚，遠近馳名。

總之，鹽、辣椒與昆蟲的簡單烹調法，隨著時間淬鍊，蔚為墨西哥最富歷史內涵的食譜。

▲ 添加細鹽的毛蟲粉是美酒與佳餚的提味劑，嘗起來別有風味，在超級市場即可購得。

▶ 這道螞蟻卵佐酪梨醬，色彩柔和，儼然藝術品，是高級餐廳的創意料理，很難想像那曾是庶民的蛋白質來源。

▲ 螞蟻卵或螞蟻幼蟲有墨西哥魚子之美譽，經過廚師的巧手，絕對是一道色香味俱全的美食，充滿民族風。

天竺鼠：光榮走入《最後的晚餐》

安地斯山區的部落豢養天竺鼠已逾三千年歷史，是安地斯山文化的一部分，結合了生活、飲食、醫藥與宗教。天竺鼠料理並非家常菜，而是節慶宴席上的珍饈，這道令人食指大動的安地斯山名菜，竟然也走入了《最後的晚餐》。

天竺鼠又名豚鼠（Cavia porcellus），原產於美洲安地斯山區，各地名稱不同，有「cuy」、「cobayo」、「conejillo de Indias」（西印度小兔子）等用法。在厄瓜多、玻利維亞、祕魯等地，較常用「cuy」一詞，讀音為「古伊」，源自印加官話克丘亞語。

安地斯山區的部落豢養天竺鼠已逾三千年歷史，並以天竺鼠為優質的肉品來源。在前哥倫布時期，天竺鼠除了當成食物之外，也是神聖動物，是宗教儀式中不可或缺的祭品，是重要的陪葬品。從帕拉卡斯（Paracas）、莫切（Moche）等文明的出土文物中，不難發現天竺鼠造型的陶器。

在安地斯山區的部落，家家戶戶在屋內的一角，以剩餘菜葉餵養天竺鼠。據信，天竺鼠有獨特的

▲ 天主教信仰傳入美洲後，隨著當地文化而悄悄變形。例如，在祕魯、厄瓜多等地有食用天竺鼠的習俗，在當地畫師的移情作用，天竺鼠取代了聖餅，光榮走入《最後的晚餐》。

感應力，可嗅出不友善氛圍，若有惡人闖入住家，天竺鼠彷彿警報器一般，會發出尖銳叫聲。因此，巫醫在進行民俗療法時，以黑色天竺鼠為通靈的媒介，讓天竺鼠在病人身上四處移動診斷症狀，並吸去病人身上的惡靈，藉此治病。

天竺鼠是安地斯山文化的一部分，結合了生活、飲食、醫藥與宗教。印加帝國為了增進天竺鼠的繁殖量，而有一個口號：「養天竺鼠可讓自己營養好。」十六世紀，西班牙人征服哥倫比亞時，就以天竺鼠肉和鹿肉供給部隊。爾後，西班牙人將天竺鼠引進歐洲，由於外形討喜可愛，再加上個性溫馴，立即成為當時皇室及上流社會的時髦寵物，甚至漸漸流行至世界各地。

在西班牙殖民時期，祕魯、厄瓜多兩地仍保留食用天竺鼠的習慣，其他如哥倫比亞、玻利維亞等地，則只有特定省區才以天竺鼠為食

▲ 安地斯山區的部落豢養天竺鼠已逾三千年歷史，這項習俗保留至今，農村婦女以豢養天竺鼠為副業，除了自給自足外，亦可販售補貼家用。

材。一六一四年，西班牙畫家特立斯坦（Luis Tristán，1585-1624），以烤天竺鼠取代聖餅，成為《最後的晚餐》（*La Última Cena*）裡最搶眼的食物，這幅聖畫目前收藏於西班牙托雷多庫埃瓦的聖地牙哥使徒教堂（Santiago Apóstol de Cuerva en Toledo）。《最後的晚餐》係根據《聖經》馬竇福音與若望福音所作，描繪耶穌和門徒在逾越節最後一次共進晚餐的情景：耶穌拿起餅來，說那是祂的身體，分給門徒吃；接著又拿起酒來，說那是祂的血，遞給門徒喝。十八世紀，祕魯、厄瓜多當地有多位畫家，在畫《最後的晚餐》時，餐桌上幾乎為在地食物，包括烤天竺鼠和奇恰玉米酒。

在祕魯庫斯科（Cuzco）的主教堂（Catedral Basílica de la Virgen de la Asunción）、阿雷基帕（Arequipa）的耶穌會教堂，以及厄瓜多基多的主教堂（Catedral Primada de Quito）、聖迪耶哥修道院（Mo-nasterio de San Diego）、聖塔克拉拉修道院（Convento de Santa Clara），皆可從《最後的晚餐》中看到天竺鼠，前哥倫布文明的神聖食材化為天主教的聖餐，這其中的文化涵義不言而喻。

天竺鼠的肉質佳，脂肪少，易消化，味道如雞肉，也頗似兔肉，富含鐵質，膽固醇含量比其他肉類低，有豐富的膠質，是很好的凝血劑，有助於傷口癒合，蛋白質含量占重量的百分之二十。天竺鼠料理並非家常菜，而是節慶宴席上的珍饈，其烹調方式為燒烤、油炸或煙燻，甚至也流行麻辣風味，上桌前再以蔬菜、玉米、或馬鈴薯搭配擺盤，色香味俱全，令賓主食指大動。

天竺鼠適應環境的能力強，從低海拔到四千五百公尺高的山區均可存活。飼養天竺鼠是農村婦女的副業，除了自給自足外，還可增加家庭收入。在南美洲國家中，以祕魯的天竺鼠消耗量最大，養天竺鼠產業從昔日的家庭規模轉為企業化經營，食用習慣從山區擴及平原，從部落流行至城市，天竺鼠料理不僅列入豪華餐廳的菜單裡，處理過的天竺鼠肉也是熱門的內外銷肉品。一隻剛出生的天竺鼠約一百公克，養了兩個月之後重約四百公克，甚至可達一公斤。目前祕魯約有三千萬隻天竺鼠，每年約供應一萬七千噸的肉品。為了推廣天竺鼠美味，祕魯的農業暨灌溉部將每年十月的第二個星期五，訂定為「天竺鼠國家日」。

質言之，天竺鼠是安地斯山區的生物資產，是文化圖騰，也光榮地走入了《最後的晚餐》。

藜麥：安地斯山的黃金作物

藜麥的營養價值高，有穀物之母的美稱，也有黃金作物之美譽。自前哥倫布時期起，即為安地斯山區重要的糧食作物。晚近，祕魯、玻利維亞等國，積極對外推廣藜麥的好處；透過廚師的巧思，藜麥成為色香味俱全的時尚美食。

「我們彷彿風中的藜麥，一旦落單零散，就會被風吹走，如果結集於大袋子之中，風便奈何不了我們。雖然我們仍會搖搖晃晃，但不會被打倒。」這段話出自厄瓜多的原住民人權鬥士多蘿蕾斯．卡闕戈，她以藜麥為比喻，喚醒族人的自覺意識，並呼籲團結合作，多麼貼切！的確，藜麥的種子小且為扁圓形，類似粟米，一顆落單的種子，難抵強風吹拂。

藜麥，又名藜谷，也稱昆諾阿藜，學名為「chenopodium quinoa」，係一年生的草本植物，生命力強，無論是貧瘠土地、抑或高海拔山區，皆可生長。藜麥的營養價值高，富含鐵、鈣、磷、蛋白質，以及人體所需的氨基酸。其起源頗為神祕，至今學界仍未有共識，考古學家曾在智利北部發現藜麥遺跡，亦有證據顯示藜麥最早產於的的喀喀（Titicaca）湖一帶。藜麥被人類馴化約有五千年之久，是最早的作物之一，自前哥倫布時期起，即為安地斯山區重要的糧食作物，被視為穀物之母。

根據祕魯神話，有一隻狐狸從天庭返回人間，鼓脹著肚子，神情相當愉悅，原來狐狸偷吃了眾神的食物。鸚鵡十分妒嫉狐狸，於是設了一個陷阱，害狐狸跌落山谷，並從肚子裡吐出一顆顆的藜麥種子，從此人間有了這項神聖作物。

玻利維亞則傳說，人類因乾旱而處於饑荒之際，山神亞布・杜努芭（Apu Thu-nupa）心生憐憫，於是派女兒妞斯妲・優伊拉（Ñusta Jiuyra）下凡，並獻祭予大地，以求風調雨順。妞斯妲・優伊拉在荒野上所走過之處，留下深深的足跡，同時長出一株株的藜麥，人類因此免於饑餓之苦，

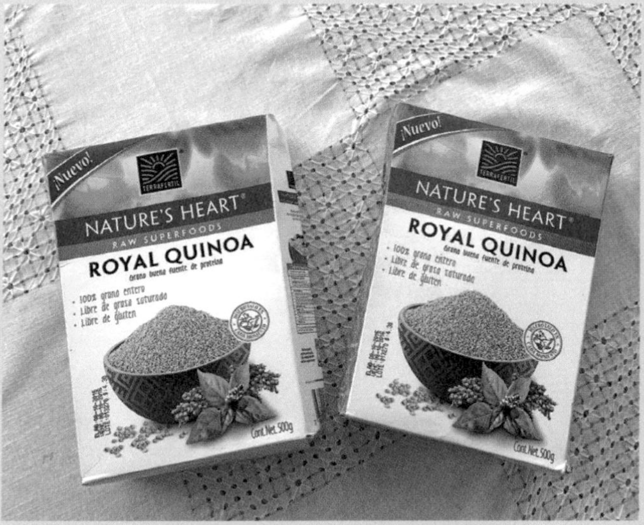

▲ 厄瓜多亦積極對外推廣藜麥，以精美包裝形銷所生產的藜麥。

▶ 藜麥在安地斯山區被視為穀物之母，近來世界各地興起食用藜麥的風潮。圖為祕魯政府為藜麥所設計的食譜，積極對外推廣藜麥的好處。

為了感謝山神之女的犧牲，開始馴化藜麥。起初，人類只食用藜麥的葉子，後來才發展出去殼技術，集結種子為糧食。

十六世紀初，藜麥的種植範圍已擴及厄瓜多、哥倫比亞、玻利維亞、祕魯、智利、阿根廷，其重要性不亞於馬鈴薯。在印加帝國時代，藜麥係各種酬神祭典中不可或缺的神聖作物。西班牙征服印加帝國之後，雖然不少史學家與植物學家在文獻中紀錄了藜麥的營養價值，但由於藜麥與印加宗教信仰息息相關，因而一度被視為低賤食物，甚至禁止耕種。

經過五千年的馴化，藜麥至少有三千種，五顏六色，常見的有：白、黃、粉、紅、紫、灰、黑，其中僅百分之一被利用，做為不同用途。除了食用之外，尚可做為染料、香料、飼料和藥劑。在醫療功效方面，可預防骨質疏鬆、心血管疾病、抗癌等；另外，黑色藜麥富含鋰，有減壓效果，為天然的抗憂鬱劑。

拂曉時分，身穿傳統服飾的農夫、農婦即穿梭在藜麥田裡，將安地斯山區妝扮得多采多姿。藜麥在晨曦的照耀下，閃閃發光；再者，整株藜麥有極高的經濟價值，「黃金作物」之美譽不脛而走。傳統上，種子可直接煮熟食用，可摻入其他穀物一起熬成粥，可曬乾磨成粉使用，可發酵釀成啤酒。嫩葉可充當蔬菜煮湯。將莖燒成灰後，與馬鈴薯泥揉成麵團，用於搭配咀嚼古柯葉。藜麥收割後，莖幹可做為動物飼料。至今，原住民部落仍保留各種以藜麥治病的偏方，例如：將種子磨成粉、調成膏，治療扭傷和挫傷；以莖幹熬汁，則為極佳的利尿劑。

晚近，祕魯、玻利維亞等國積極對外推廣藜麥的好處，並大量外銷藜麥。透過廚師的巧思，搭配其他食材，為藜麥設計出各式各樣的食譜，有沙拉、冷盤、湯品、主菜、糕點等，讓這曾經被忽視的低賤食物搖身一變，成為色香味俱全的時尚美食。聯合國糧食及農業組織宣布二〇一三年為「國際藜麥年」，藜麥的高營養價值在國際間引起迴響。從巴黎到紐約，藜麥以「黃金作物」之姿，在豪華餐廳搶盡風頭。

如今，藜麥流行至世界各地，在美國、法國、印度等地興起耕種藜麥的風潮，甚至在臺灣的農村也可窺見藜麥隨風搖曳的倩影。

▲ 圖為雞肉藜麥沙拉，傳統穀物搭配現代沙拉一點都不違和。

▼ 圖為臺灣南部一處農田，田裡的作物正是搖曳生姿的藜麥。

馬鈴薯：安地斯山的神聖作物

根據神話傳說，馬鈴薯一旦被削皮，便會流淚哭泣。為此，印加帝國特別頒布法令，禁止人民削去馬鈴薯的外皮。馬鈴薯是安地斯山的神聖作物，被引入歐洲之後，竟被視為不潔之物，直至到中歐爆發幾場大饑荒，馬鈴薯成為應急食物，也為歐洲飲食帶來變革。

馬鈴薯學名為（Solanum tuberosum），係全球第四大作物，僅次於玉米、稻米及小麥。薯條、洋芋片等是最普遍的加工食品，然而，在油炸時會產生致癌物質「丙烯醯胺」。近來傳出，基改馬鈴薯在油炸時可減少「丙烯醯胺」，已獲美國、紐西蘭、澳洲核准食用，食品業者因此有意向食藥署申請引進臺灣。基改作物是否威脅人體健康，藉此機會來談談馬鈴薯的重要性。

馬鈴薯的原生地為的的喀喀湖一帶，八千年前即被人類馴化。馬鈴薯能耐惡劣環境，可適應極端氣候，因此分布面積廣袤，從溼熱平地到乾旱高山均可生存。在西班牙人抵達之前，中美洲的原住民以玉米為主食，馬鈴薯則為副食。在南美洲安地斯山區恰好相反，許多高度文明發祥於海拔三、四千公尺的高山上，玉米無法如馬鈴薯一般，適應山區極大的日夜溫差，因此，玉米僅為副食，馬鈴薯才是主食。

相傳，曾經有一群生產藜麥的惡霸，刻意逐步減少產量，藉以控制生活在高地的人民，讓他們處於饑餓狀態而凸顯自己的重要性。人民因饑餓難耐而向天神祈求。天神賜予人民一些種子。經過播種，冰冷的高地長出一大片盛開紫花的植物，並結出金黃色的果實。惡霸趁機將果實占為己有，饑民只好再度祈求天神。天神要人民翻開土地，以根莖為食，原來真正的美食在地底，從此人類有了神聖的馬

▲ 昔日，馬鈴薯是安地斯山區的神聖作物，也曾養活了歐洲許多貧窮人口；今日，馬鈴薯係全球第四大作物，尤其薯條、洋芋片等是最普遍的加工食品。

鈴薯！

今日全球的馬鈴薯品種約五千種，在祕魯即有四千餘種之多，顏色有白、灰、黃、橘、紫、黑等。古印地安人視馬鈴薯為神聖作物，在同一塊耕地上，農民會同時栽種不同品種，避免病蟲害傳染全部作物。根據神話傳說，馬鈴薯一旦被削皮，便會流淚哭泣。為此，印加帝國特別頒布敕令，禁止人民削去馬鈴薯的外皮。事實上，馬鈴薯富含纖維、鐵、鉀、胡蘿蔔素和多種維生素，如果連皮一起食用，營養更佳。

印加帝國將收成的馬鈴薯分為三部分：一部分給村落，供日常食用；一部分做為存糧，以便在饑荒時候食用；一部分用為祭品，奉獻給神明。新鮮的馬鈴薯以烘烤為主，另外也可製成薯片。薯片的製作時間為秋天，人民將馬鈴薯散落在地上，置放一夜，利用戶外的低溫冷凍馬鈴薯，隔天回溫後，以腳踩壓馬鈴薯，壓榨出多餘的水分，同樣步驟進行數天，將馬鈴薯踩成泥，待乾燥後即成薯片。乾燥的薯片可保存數年之久。

歐洲有關馬鈴薯的最早文獻可追溯至一五三〇年。據信，西班牙人自哥倫比亞將馬鈴薯引入歐洲。另有一說，馬鈴薯係由英國海盜從智利的奇羅耶島（Isla de Chiloé）帶回歐洲。起初，歐洲人對這種長在地下的根莖植物印象不佳，視之為不潔，而供奴隸食用。再者，馬鈴薯屬茄科多年生草本植物，根莖發芽時，芽眼與芽根會轉為綠色，整顆馬鈴薯會產生大量的茄鹼。人類食用過多的茄鹼，會產生頭痛、噁心、嘔吐、腹瀉等症狀，嚴重者甚至出現血壓偏低、心跳變慢、呼吸加速，即所謂的茄鹼中毒。因此，在當時的歐洲，馬鈴薯與曼陀羅（Datura stramonium）、顛茄（Atropa belladonna）、煙草（Nicotiana tabacum）等其他茄科植物，被歸為會令人陷入癲狂的毒物，而有「魔鬼植物」之稱。直到一七七一至一七七二年間，以及十九世紀初，中歐爆發幾場大饑荒，馬鈴薯成為應急食物，終於改變歐洲人對馬鈴薯的印象，愛爾蘭、德國等地甚至以馬鈴薯為主食。

馬鈴薯大約在一五九〇年引入愛爾蘭。愛爾蘭的夏季日照長但涼爽，冬天則酷寒且日照短，一旦燕麥歉收，易造成冬天饑荒。馬鈴薯極適應愛爾蘭的環境，逐漸成為愛爾蘭人不可或缺的作物。採收馬鈴薯十分簡易，不必像燕麥需要打穀、去殼、曬乾等繁複過程。烹調馬鈴薯也相當簡單，不需像燕麥一樣，不斷攪拌以文火烹煮。一七八〇年，愛爾蘭人口有四百萬，到了一八四一年，增為八百萬人，當時約有百分之四十的人口仰賴馬鈴薯維生。然而，愛爾蘭並未如安地斯山農民一般，在同一塊耕地上種植不同品種的馬鈴薯，導致一八四五至一八五二年間，馬鈴薯因病蟲害而歉收，造成約一百萬人喪生。

同樣，普魯士地處今日德國北部波羅的海沿岸地區，氣候溼冷，日照少，不適合栽種小麥等穀物，再加上經年征戰，馬鈴薯解決了糧食短缺問題，讓腓特力大帝（Frederick the Great，1712-1786）和德意志威廉大帝（Wilhelm I，1797-1888）先後以身作則，推行吃馬鈴薯運動。

馬鈴薯養活了許多貧窮人口，為歐洲飲食帶來變革，今日至少有一百二十五國種植馬鈴薯，是開發中國家重要的碳水化合物來源。有鑑於此，聯合國宣布二〇〇八年為「國際馬鈴薯年」。

酒是農業社會的美麗偶然，係植物賜給人類的驚喜，酒文化與人類歷史同行，已有數千年之久。在前哥倫布時期，美洲已有玉米酒、龍舌蘭酒等，葡萄、甘蔗、咖啡等作物隨著拓殖者移入後，不僅豐富了美洲的飲品，也為酒文化及精神享樂物質增添許多軼聞。

6. Chapter 美酒與飲品

舞動心靈：龍舌蘭醉人的祕密

在墨西哥的飲酒文化中，主要有三款龍舌蘭酒。「布爾給」口感酸苦，為原始悸動；「梅斯卡」強烈獨特，具草莽性格；「特奇拉」灼熱香醇，有王者之風。龍舌蘭醉人的祕密不在於酒精濃度，而是背後美麗的故事……

龍舌蘭生性強健，耐旱，係墨西哥高原最常見的植物之一，不僅將乾旱高原妝點的生氣盎然，亦是騷人墨客美麗的創作靈感，在里維拉、西格羅斯（David Alfaro Siqueiros，1896-1974）、歐洛斯可（José Clemente Orozco，1883-1949）等人的畫作裡，不時可瞥見她的倩影！

墨西哥人俗稱龍舌蘭為「maguey」，在墨西哥約有一百三十六種。整株龍舌蘭經濟價值極高，鱗莖富含糖分適合釀酒，肥厚葉片內的膠質可治療刀傷、燒燙傷和蚊蟲咬傷，葉子纖維可築屋、編繩、織布、造紙，葉刺能當成釘針，其他剩餘部位亦被利用做為肥料、或燃料，因含鹼之故，即使燒成灰燼，尚可做為清潔劑。此外，古印地安人以龍舌蘭嫩葉充當蔬菜，食用龍舌蘭上的蝴蝶幼蟲來補充蛋白質。從日常生活到宗教儀式、從嬰兒的尿布到逝者的裹屍布，龍舌蘭與古印地安文明息息相關。

古印地安人視龍舌蘭為女神瑪亞烏（Mayahuel）的化身，女神具慈母形象，有四百個乳房，以源源不絕的「神聖乳水」哺育眾神。事實上，龍舌蘭一旦長到八至十年，密實的長葉片自然往外翻開，方便印地安人以長吸管插入莖部，吸取豐沛的汁液；據統計，早、中、晚一天三次共可吸取汁液四十

▲ 龍舌蘭在墨西哥境內約有一百三十六種，係墨西哥高原最常見的植物之一，不僅將乾旱高原妝點的生氣盎然，亦是騷人墨客美麗的創作靈感。圖為「特奇拉」龍舌蘭，這種龍舌蘭葉片細長，並泛著藍光。

▼ 圖為一名原住民在龍舌蘭莖部鑿洞，以虹吸法從莖部汲取龍舌蘭汁。

公升，如此日復一日長達三個月之久。除了糖分之外，汁液亦含多種維生素及礦物質，對古印地安人而言儼然瓊漿玉液。

龍舌蘭汁放置三、四天之後即發酵成酒，酒精濃度約八至十度，味道略帶酸苦，呈現乳白色，墨西哥人稱之為「布爾給」（Pulque），即為最早的龍舌蘭酒，流傳有數千年之久，在宗教儀式中不可或缺。阿茲特克帝國為了防範喝酒誤事，平日禁止壯丁與勞動階級飲用「布爾給」，僅國王、祭司、貴族、老者和病人才能飲用。舉行活人獻祭時，人牲會先喝「布爾給」，再被送上祭壇，在酒醉中完成聖典。

西班牙人征服墨西哥後，引進蒸餾技術，而有「梅斯卡」（Mezcal）和「特奇拉」（Tequila）這兩款龍舌蘭酒，豐富了墨西哥的飲酒文化。不同於「布爾給」，「梅斯卡」和「特奇拉」並非

▲ 無論以陶罐、抑或以玻璃瓶包裝，「梅斯卡」最特別之處在於，瓶頸上的那包細鹽毛蟲粉，以及瓶中總有一兩隻毛蟲。

▶ 「特奇拉」龍舌蘭酒有王者之風，經過兩次以上的蒸餾後，再放入橡木桶內貯藏，成品的「特奇拉」會隨貯放時間而呈現淡黃、金黃、或琥珀色，味道也有清新、溫和、濃郁等之分。

▲「特奇拉」有王者之風，很適合調酒，加入砂糖、檸檬汁、甜菜汁等，形成紅白對比的可口調酒。

▶「梅斯卡」由多種龍舌蘭汁液混和釀成，因帶有濃濃的民族風而大受歡迎。據信，生長在龍舌蘭葉片中的蝴蝶幼蟲，可增加「梅斯卡」的口感，喚醒龍舌蘭香氣，因此瓶中常泡著一兩隻毛蟲，瓶頸上也總是掛著一包添加了細鹽的毛蟲粉。

直接吸取汁液，而是先切下龍舌蘭的葉片，將鱗莖放入大鍋爐烘煮，接著壓榨鱗莖，取得汁液後再經發酵、蒸餾、貯存等過程。

「梅斯卡」為墨西哥瓦哈卡州的特產，由多種龍舌蘭汁液混合釀成，基本上只蒸餾一次，也有酒莊為了提高品質而進行二次蒸餾。原屬窮苦農民的飲品，由於帶有濃濃的民族風而大受歡迎。生長在龍舌蘭葉片中的蝴蝶幼蟲，被當作提味之用，可增加「梅斯卡」的口感，喚醒龍舌蘭香氣，因此瓶中常泡著一兩隻毛蟲，瓶頸上也總是掛著一包添加了細鹽的毛蟲粉。「毛蟲粉拌細鹽」嚐起來頗有「秋天的味道」，敏感味蕾挑出鹹味裡的乾枯感覺，激起無窮的想像空間，遐想到死亡、再生，甚至情愛……

「特奇拉」名聞遐邇，產於墨西哥哈利斯科（Jalisco）州，由俗名「agave azul」的藍龍舌蘭所釀成。這種龍舌蘭泛著藍光，學名為「agave tequilana Weber azul」，係德國植物學家韋伯（Franz Weber）於一九〇五年分類時所命名，為哈利斯戈州的特有品種。蝶類幼蟲會吸收藍龍舌蘭的養分，進而影響釀酒品質，因此藍龍舌蘭栽種期間須靠人工仔細除蟲，且不允許在「特奇拉」中放入蝶類幼蟲。這也是「特奇拉」與「梅斯卡」之間，除了龍舌蘭品種不同外，另一個迥異之處。

「布爾給」口感酸苦，為原始悸動；「梅斯卡」強烈獨特，具草莽性格；「特奇拉」灼熱香醇，有王者之風。無論那一款龍舌蘭，均有其迷人之處，創造雋永的酒文化。

特奇拉：有王者之風的龍舌蘭酒

走訪藍龍舌蘭的故鄉，在窺探那繁複的釀酒過程中，以砍龍舌蘭葉片的表演，最具戲劇性。農民身穿白衣褲，頭戴草帽，繫著紅領巾和紅腰帶，手中的長柄鐵鍬熟練地砍除藍龍舌蘭的長葉，再將鱗莖剖成兩半……

「特奇拉」源自阿茲特克族的納瓦語「特奇特蘭」（téquitlan），意思為「耕稼」，指農民砍掉龍舌蘭葉片、採收鱗莖的工作。另外，哈利斯科州有一個名為特奇拉的小鎮，那裡常被視為「特奇拉」的發源地。今日，為了創造「特奇拉」傳奇，哈利斯科州的首府瓜達拉哈拉觀光局推出「特奇拉快車」（Tequila Express），吸引大批觀光客，走訪藍龍舌蘭的故鄉，並窺探那繁複的釀酒過程。其中，以砍龍舌蘭葉片的表演，最具戲劇性。農民身穿白衣褲，頭戴草帽，繫著紅領巾和紅腰帶，手中的長柄鐵鍬熟練地砍除藍龍舌蘭的長葉，再將鱗莖剖成兩半，方便放入大鍋爐烘煮。

哈利斯科州的藍龍舌蘭產地約三萬五千公頃，這一大片產地和區域內殖民時期所遺留下的老酒莊，於二〇〇六年被列入聯合國教科文組織人類文化遺產名錄。墨西哥政府對「特奇拉」的釀造有嚴格的規定，必須含百分之五十一以上的藍龍舌蘭，才能稱「特奇拉」，當然各大「特奇拉」品牌均推出百分之百的藍龍舌蘭酒。另外，「Tequila」已受國際公約保護，僅墨西哥出產的藍龍舌蘭才能釀出「特奇拉」的原始風味，他國移植成功的藍龍舌蘭或其他非藍龍舌蘭品種所釀出的酒，均不可冠上「特奇拉」的名號，只能稱「龍舌蘭烈酒」（agave spirit）。

「特奇拉」至少經過兩次蒸餾，可粗分為銀白（blanco）、靜休（reposado）和陳年（añejo）三種，各有不同飲法。蒸餾後立即裝瓶者，因顏色晶瑩剔透而稱為銀白。銀白味道最純、最辛辣，仍保有藍龍舌蘭濃濃的草香味。所謂靜休，係指「特奇拉」貯放於橡木桶內兩個月至一年之間，經過休息且吸收了橡木而呈現淡黃色，味道濃郁但溫和，廣受大眾喜歡。陳年酒則須貯存一年以上，顏色從琥珀色到深褐色不等，香味厚實並帶有橡木味，故以白蘭地酒杯裝盛，好讓各階段酒香慢慢甦醒。

以圓筒形小玻璃杯裝盛，並搭配鹽和檸檬的飲用方式最普遍、也最具民族風。先將鹽灑在左手虎口處、以手就口吸吮鹽，再喝一口「特奇拉」，最後吮食檸檬片。如此飲酒三部曲，有豪邁氛圍，展現墨西哥人善於營造儀式的天性。

另外，還有「熱血」（sangrita）[23]和「特奇拉」組成的紅白二重奏。「熱血」係由紅椒、辣椒、檸檬、番茄、鹽等所製成的鮮紅色蔬果汁，宛如鮮血一般，因此取名為小血液。一口銀白「特奇拉」、一口

23 小血液之意。

▲為了推廣「特奇拉」，墨西哥推出「特吉拉快車」，帶領觀光客走訪藍龍舌蘭的故鄉，火車穿梭龍舌蘭田、老酒廠，沿途風光宜人。

▶ 農民以長柄鐵鍬砍除藍龍舌蘭的長葉，再將鱗莖剖成兩半，方便放入大鍋爐烘煮。鱗莖去除長葉後，頗似鳳梨，因此被墨西哥戲稱為鳳梨。

「熱血」，在品酌藍龍舌蘭草香之餘，還嚐盡了酸、甜、苦、辣、鹹等各種滋味，儼然以味覺反映人生百態，感覺十分奇妙！

「特奇拉」係雞尾酒的重要基酒之一。在「特奇拉」中加入橙酒、檸檬汁、糖漿、冰塊，再以果汁機打成冰沙，最後倒入沾了細鹽的寬口高腳杯，即為「瑪格麗特」（Margarita）。墨西哥各大酒吧、餐廳喜歡耍耍花樣，以草莓汁、或芒果汁、或鳳梨汁、或羅望子汁代替檸檬汁，調出自己的招牌「瑪格麗特」。無論什麼口味，當杯緣上的細鹽隨著冰沙流入口中，就在冰冰、鹹鹹、酸酸、甜甜摻雜的味覺中，嚐到藍龍舌蘭迷人的酒香，彷彿透過這千變萬化的口感，述說了一段直教生死相許的愛情。

除了瑪格麗特外，還有「Tequila Sunrise」、「Tequila Sunset」、「Nocturnal」（暗夜）、「Noche de Acapulco」（阿卡普爾科之夜）……各式各樣的調酒，其成分、酒香、色澤、溫度、口感、甜度、容器、裝飾各有特色，彼此爭奇鬥艷，再佐以瑪利亞齊樂團的歡樂音符，如此感官饗宴怎能不教人癡令人醉呢？

▶「特奇拉」係雞尾酒的重要基酒之一，「瑪格麗特」即為其中一款。

◀ 墨西哥各大酒吧、餐廳喜歡顛覆傳統，調出自己的招牌「瑪格麗特」。圖為草莓口味的「瑪格麗特」。

▼▶ 傳統「瑪格麗特」的主要配方為：橙酒、檸檬汁、糖漿、冰塊等，打成冰沙後，倒入沾了細鹽的寬口高腳杯。

▼◀ 圖為芒果口味的「瑪格麗特」，杯緣上沾上辣椒鹽，不僅顏色呈現對比，連味道也在強烈互補中凸顯「特奇拉」的香氣。

奇恰酒：噁心的美味

奇恰，一種經咀嚼而發酵的玉米酒，從中美洲到南美洲皆有如此噁心的美味，其歷史頗為悠久。起初，奇恰被視為有醫療功效；後來，成為宗教儀式中不可或缺的神聖飲品；今日，歷久不衰，是祕魯等地的普遍飲料。

古印加帝國有「太陽貞女」的編制，全國各地挑選出十至十五歲的美少女，送至首都庫斯科接受各項禮儀訓練。其中有一批太陽貞女必需幽居在神廟內，平時從事烹飪、編織、釀酒等工作，一旦有節慶時則必須協助祭司舉行祭典。由太陽貞女所釀出的奇恰除了在祭祀時使用之外，也於節慶中供貴族盡情享用。

「奇恰」音譯自「chicha」一字，該字有多種解釋，係「發酵」之意，或意指「咀嚼」，也可能源自巴拿馬庫那（Kuna）族的語言，即「玉米」。換言之，奇恰為經咀嚼而發酵的玉米酒。奇恰的原料為剛收成的玉米，釀法十分獨特。首先，太陽貞女將一個大陶缸注滿水，放在太陽下讓水變熱，接著以口咀嚼玉米粒至糊狀，再將玉米糊吐在陶缸內，密封陶缸並置於陰涼處，存放數週，利用唾液發酵玉米糊，過濾後裝壺即成奇恰酒。奇恰的原料不限於玉米，花生、樹薯、甘藷、鳳梨等皆可以同樣方法釀酒。

從中美洲到南美洲皆有如此噁心的美味，其歷史頗為悠久。起初，奇恰被視為有醫療功效；後來，成為宗教儀式中不可或缺的神聖飲品。另外，從玉米酒亦衍生出玉米啤酒，爾後被命名為「發芽玉米奇恰」（chicha de jora）。據傳，在印加國王圖帕克．尤潘基（Túpac Yupanqui，1441-1493）的時代，有一回因連日滂沱大雨，導致糧倉內的玉米泡水且發芽，管理糧倉的官員不想浪費那些泡水的發芽玉米，而有意分送各處煮成玉米糊，然而，計畫失敗，只好丟棄那些玉米芽，一名路人因飢腸轆轆，吃了被丟棄的玉米芽而出現醉意，玉米啤酒意外由此誕生，酒精濃度約為一至三度，成為貴族最愛的飲品。

每年四月，印加帝國會舉行白駱馬慶典。白駱馬象徵印加國王，因而有崇高地位。慶典中，白駱馬披上紅布、掛上各種黃金飾品，儼然祭司一般，大口咀嚼古柯葉，且大口喝奇恰，然後進入神廟裡，踢翻裡面一壺壺的奇恰，代表將奇恰奉獻給白駱馬。在大地之母帕恰媽媽的祭典中，祭司以恰奇、古柯葉、油膏、紅貝殼等為供品，祈求大地之母保佑作物豐收。同樣，在太陽神或月神的慶典裡，也少不了奇恰這個神聖的供品。

西班牙遠征軍來到印加帝國之初，當時的印加國王阿塔瓦帕（Atahualpa，1500-1533），遞給西班牙神父瓦維德（Vicente de Valverde，1498-1541）一杯以黃金容器裝盛的奇恰，西班牙神父以為印加國王意圖毒殺他，而將奇恰扔掉。事實上，根據印加文化，雙方展開談判之前必須飲用奇恰。西班牙征服者消滅印加帝國後，不喜歡奇恰的釀製方式，故視飲用奇恰為惡習並加以禁止。

然而，奇恰並未因西班牙人的到來而消失，反而悄悄融入來自歐亞大陸的水果，例如：蘋果、葡萄、柑橘等，漸漸出現各種獨特配方，不僅口味更加豐富多元性，同時也發展出含酒精及不含酒精的奇恰。今日，墨西哥及其他中美洲國家仍有部分原住民保留飲用玉米酒的習慣，只是各地名稱不盡相同。至於安地斯山區，奇恰則為重要的傳統飲品，流行於委內瑞拉、哥倫比亞、厄瓜多、玻利維亞、祕魯等國。隨著釀酒技術進步，玉米酒已不再藉用唾液發酵，而是改用長時間熬煮玉米粉，篩去結塊後裝入陶壺內，靜放二至三天即成。

玉米啤酒是祕魯的特產，由黃玉米發芽後所釀製而成，因此，顏色呈現金黃色。玉米啤酒的口感偏酸，聞起來尚有些微的腐壞味道，鮮少出現於高價的餐廳內；不過，在各地的奇恰酒館（chichería）、或傳統市場、或偏鄉路邊，均有不同的家傳釀製偏方。由紫玉米、柑橘、肉桂、丁香及其他香料所熬成的「紫色奇恰」（chicha morada）則不含酒精，味道香甜，為祕魯相當普遍的飲料，甚至有酒廠將「紫色奇恰」商業化，以鋁罐包裝行銷市場。

從令人作嘔的釀法到蘊藏民俗風味，奇恰寫下奇特的飲食扉頁。

▲圖為一家專賣奇恰的小店，店中所提供的奇恰原料為葡萄。

兩國互爭正統：皮斯可白蘭地聲名大噪

祕魯、智利長久以來不僅互爭「皮斯可」發源地的榮耀，也爭搶誰是「皮斯可酸」調酒的原創者。正統之爭，讓原本就頗受好評的「南美洲白蘭地」，更是聲名大噪。

在祕魯、智利出產了一款名為「皮斯可」（Pisco）的葡萄蒸餾烈酒，酒精濃度在三十五至四十八度之間，被歸類為白蘭地的一種，由於頗受好評而聲名大噪，兩國長久以來便互爭發源地的榮耀。雖然，美國與歐盟均認定，祕魯為皮斯可酒的發源國，但智利至今仍全力反駁。

美酒配珍饈乃天經地義，宛若一體兩面難分難捨；然而，酒最初主要做為宗教之用。中國古代慶典時必以酒祭地，而有「祭酒」官，職掌教化及禮儀。在古埃及王朝（c.2800-c.2270 BC），葡萄酒即被用於宗教之中。希臘神話創造出酒神戴奧尼索斯（Dionysus），四處傳遞葡萄栽種文化、釀酒技術和享樂思維。天主教信仰將紅葡萄酒視為耶穌基督的聖血，這項聖道禮儀綿延了二千餘年，仍在今日的彌撒中舉行。

十六世紀，在西班牙征服美洲之際，美洲的各原住民文明已有其酒文化，甚至左右文明的興衰。

例如：龍舌蘭酒被視為神的飲品，在阿茲特克及其他墨西哥高原部落中占極重要的角色；在安地斯山區，由玉米釀成的奇恰酒也被當成聖品，供祭祀和節慶使用，印加帝國更精選太陽貞女專門負責釀造奇恰酒，顯示其神聖珍貴。

初來乍到的西班牙人並不能適應龍舌蘭酒或奇恰酒的口感，而從歐洲引進葡萄、小麥等作物釀酒。其中，葡萄酒對篤信天主教的西班牙人而言十分重要，兼具宗教與飲食等文化意義。的確，北從墨西哥，南到智利、阿根廷均栽植釀酒葡萄（vitis vinifera），經過五百年來的努力，甚至釀造出可媲美法國產的葡萄酒。此外，西班牙人也從歐洲引進蒸餾技術，生產威士忌、白蘭地、龍舌蘭等烈酒，皮斯可則在因緣際會下偶然誕生。

祕魯的阿雷基帕、莫克瓜（Moquegua）、塔克納（Tacna），智利的阿塔卡馬（Atacama）、科金博（Coquimbo）等乾旱地區，因日夜溫差大，所生長的釀酒葡萄含糖量極高，釀出來的酒因而散發出甜美風味，與一般葡萄酒頗為不同，而這正是皮斯可的魅力。在品種方面，祕魯以來自西班牙的黑葡萄（Quebranta）等為主，經過發酵、一次蒸餾與過濾等過程，不添加人工成分，也不存放於橡木桶內。至於智利的皮斯可，係以慕斯卡（Moscatel）麝香葡萄為原料，發酵後，經過連續蒸餾，可添加、或不添加任何人工成分，亦可短暫存放於橡木桶內。

那麼，為何這種葡萄蒸餾烈酒會被命名為「皮斯可」？

據說，「Pisco」一詞源自印加帝國的官話克丘亞語，係「鳥」之意。亦有一說，該詞源於「pisko」，係印加帝國時代的一種大型陶甕，爾後在西班牙殖民時期這種大型陶甕就被拿來裝蒸餾烈酒，因而得名。還有一說，祕魯有一個名為皮斯可的港口，十七世紀祕魯的葡萄蒸餾烈酒即由皮斯可港出口，到歐洲及美洲其他地區，因而以港名為該酒命名。

有關該酒的最早文獻紀錄出現於一七三三年，在岡薩雷斯（Marcelino González Guerrero）指揮官的遺囑中提到三甕皮斯可酒。岡薩雷斯是智利艾爾奇山谷（Valle de Elqui）地區的政治家暨企業家，不僅曾擔任過科金博的市長，也擁有葡萄園及酒莊。因此，由阿根廷與智利史學家所共同組成的研究團隊，一致認定皮斯可的原產地是智利，其生產應可追溯至十六世紀末。然而，祕魯的研究團隊也提出史料，表示祕魯於一六一三年即開始生產皮斯可，只是當時稱為「皮斯可地區的葡萄烈酒」（aguardiente de uva de Pisco）。

▲ 圖為祕魯和智利兩國所出產的皮斯可。最左邊那瓶，酒瓶造型採安地斯山區文明的祭刀（tumi），並加註廣告用語：「我的名字是皮斯可，我的姓乃祕魯。」中間那瓶亦為祕魯出產，採現代化設計，加上圓形紙罐包裝。最右邊那款則為智利的皮斯可，以復活節島人像為瓶身造型，廣受消費者青睞。

兩國為了原產地爭論不休，導致互相不進口彼此的酒，甚至在瓶裝上爭奇鬥艷，更增添皮斯可的神奇色彩。例如，智利酒莊除了加強瓶身的現代感設計之外，並推出復活節島人像（Moai）酒瓶，廣受消費者青睞。祕魯方面當然不甘示弱，也採用安地斯山區的古文物造型包裝，同樣引起買家注意。

獨飲皮斯可、或調成雞尾酒均佳。祕魯與智利還互爭誰是「皮斯可酸」（Pisco Sour）調酒的原創者。「皮斯可酸」主要成分為皮斯可、萊姆汁（或檸檬汁）、蛋白等，並攪拌打成奶泡。在祕魯慣以寬口杯裝盛，最後尚可以灑上肉桂粉提味；在智利則以高腳杯為容器，但不加肉桂粉。

▲ 祕魯、智利兩國為「皮斯可」爭執許久，意外令這款葡萄蒸餾烈酒聲名大噪，連帶「皮斯可酸」調酒也頗受歡迎。圖為智利的「皮斯可酸」，以高腳杯為容器，且不加肉桂粉。

▼ 祕魯的「皮斯可酸」慣以寬口杯裝盛，最後灑上肉桂粉提味。

淘金熱下的偶然：馬德羅酒莊

或許龍舌蘭酒的名氣太大了，導致大家鮮少注意到墨西哥的葡萄酒。事實上，墨西哥擁有全美洲最古老的酒莊，所生產的葡萄酒品質相當好。當初，西班牙王室為了保護伊比利半島的葡萄酒，於是禁止墨西哥生產葡萄酒。

提到美洲的葡萄酒，一般民眾對美國、智利、阿根廷出產的紅、白酒應該不陌生，甚至到這些國家旅遊時，也會去參觀知名酒莊。至於墨西哥，或許龍舌蘭酒的名氣太大了，導致大家鮮少注意到墨西哥的葡萄酒。事實上，墨西哥是全美洲最早栽種釀酒葡萄之處，擁有全美洲最古老的酒莊，以及全球第六大酒莊，在墨西哥的飲食文化中寫下傳奇的一頁。

在前哥倫布時期，墨西哥已有野生葡萄，原住民視之為食材，或榨成汁飲用，不過，美洲的野生葡萄不適合釀酒。換言之，在西班牙人抵達之前，墨西哥原住民尚未見識過發酵後的葡萄酒。

一五二一年，柯爾提斯征服了墨西哥，並引進歐洲的釀酒葡萄。

一五六八年，由征服者與傳教士所組成的一支遠征軍，從墨西哥中部的薩卡特卡斯（Zacatecas）出發，一路往北行，進入科阿韋拉（Coahuila）四處找尋黃金。遠征軍所到之處為乾旱的沙漠地形，沒找到黃金，卻意外發現一個綠洲，即今日的葡萄藤谷地（Valle de las Parras）[24]，谷地裡有豐沛水源以及大量的野生葡萄。此地的豐沛水源與野生葡萄吸引了耶穌會傳教士的注意，而於一五九四年建立「聖母瑪麗亞葡萄藤傳教區」（Misión de Santa María de las Parras），以當地的葡萄釀酒，供教會使用；然而，原住民不斷起義，傳教士只好放棄已建立的傳教區。

一五九五年，拓殖者羅倫索・賈西亞（Lo-

24 或譯為「巴拉斯谷地」。

▲ 馬德羅酒莊由馬德羅家族所經營而得名，家族也因出了總統而聲名大噪。

◀ 墨西哥是全美洲最早栽種釀酒葡萄之處，擁有全美洲最古老的酒莊，而馬德羅酒莊目前是全球第六大酒莊，在高級餐廳的酒單裡少不了她的名字。

renzo García）個性善良，不僅與當地原住民和平共處，而且在原來傳教區北邊的八公里外，發現另一個水源地。一五九七年，西班牙國王准予羅倫索・賈西亞開發這個新發現的水源地，名為「羅倫索莊園」，賦予他釀酒的使命。羅倫索莊園成為墨西哥、甚至全美洲第一個釀酒廠。十七世紀初，一名前來視察的主教稱讚當地的地質與氣候，更讚美羅倫索莊園所生產的葡萄酒，足以媲美西班牙的葡萄酒。

一六九九年，西班牙王室為了保護伊比利半島的葡萄酒，於是頒布法令，禁止墨西哥生產葡萄酒，僅准許少數酒莊釀酒供教會使用，羅倫索莊園為其中之一。這道法令直到墨西哥爆發獨立戰爭才廢除，卻使墨西哥的釀酒技術停滯，因此與智利、阿根廷相較之下，落後許多。一八一〇年，伊達爾戈神父點燃墨西哥獨立戰爭；翌年，伊達爾戈失敗被捕，與其他起義人士被押送科阿韋拉，在遭處決前，曾在羅倫索莊園內的監獄中度過一宿。

羅倫索莊園曾數度易主，甚至在一八八九年落入法國人手中。一八九三年，艾瓦利斯托・馬德羅（Evaristo Madero，1828 -1911）以五十萬法郎買下酒廠，易名為「馬德羅酒莊」（Casa Madero）。艾瓦利斯托・馬德羅是企業家，同時也是政治家，曾擔任科阿韋拉州州長，在他的經營下，馬德羅酒莊脫胎換骨，不僅從西班牙、義大利及法國聘請釀酒師傅，並引進現代化設備。一九一〇年，墨西哥爆發大革命；翌年，革命仍如火如荼進行著，艾瓦利斯托・馬德羅的孫子弗朗西斯科（Francisco Madero，1873-1913）當選墨西哥總統，但在一九一三年遭暗殺身亡。弗朗西斯科出生於馬德羅酒莊，毋庸置疑，在他赴法國及美國留學之前，曾在葡萄園裡度過童年。

頂著全美洲第一個釀酒廠的光環，再加上伊達爾戈神父、弗朗西斯科・馬德羅等名人之故，馬德羅酒莊多了些許神祕色彩。馬德羅酒莊所生產的葡萄酒頗受好評，除了技術佳之外，其成功祕訣在於所在地位於海拔一千五百公尺的沙漠地帶，白天溫暖，夜間涼爽，溫差約十二度，十分適合葡萄生長，由於氣候乾燥，不易得病蟲害，雖然雨量少，但山區豐沛水源提供足夠水分。另外，歐洲釀酒葡萄與美洲葡萄嫁接成功，使葡萄植株更強壯且增加免疫力，有助於防範根瘤蚜的侵害。

走進馬德羅酒莊，儼然穿梭時光隧道，在體驗酒文化之際，也看到了墨西哥拓殖史。馬德羅酒莊目前是全球第六大酒莊，係國際比賽的常勝軍，約贏得六百個獎項，在高級餐廳的酒單裡少不了她的名字。馬德羅酒莊只是墨西哥葡萄酒產業的一部分，薩卡特卡斯、下加利福尼亞（Baja California）等州，亦是葡萄酒產區。

墨西哥葡萄酒堪稱後來居上，在國際間有極高評價。不必諱言，酒是精緻美食不可或缺的伙伴，是社交活動中最佳的潤滑劑，酒的故事似乎談不完。

蘭姆酒：蔗糖的歡樂之子

據信，一名黑奴無意間喝了發酵的甘蔗汁，而醉意醺醺，消息傳開後，其他的黑奴無不想藉機品嚐，意外創造出蘭姆酒傳奇。其實，蘭姆酒是經濟剝削下的產物，但人類卻將這苦難化為歡樂，展現達觀的天性！

美洲及加勒比海諸島自十六世紀以降大量種植甘蔗，但遲至十七世紀才無意間釀造出蘭姆酒。其實，蘭姆酒是經濟剝削下的產物，但人類卻將這苦難化為歡樂！那麼，我們就來談談蘭姆酒的傳奇。

甘蔗可能原產於印度、越南、中國及東南亞附近的太平洋島嶼。阿拉伯將甘蔗傳到西班牙，西班牙再由伊比利半島將甘蔗移植至加納利群島（Islas Canarias）。一四九三年，哥倫布進行美洲第二次航道探險，一名加納利群島的甘蔗專家隨行其中。這位甘蔗專家抵達西班牙島不久後便身亡，然而，加勒比海的陽光、土壤、雨水讓甘蔗這項外來作物落地生根，不僅在西班牙島蓬勃生長，也陸續傳入古巴、波多黎各、牙買加諸島，妝點了加勒比海的鄉野風光，也成為加勒比海的經濟命脈。

栽種甘蔗需要大量的勞力，同樣，煉糖也需要大量的人力，而且必須在高溫下進行。在十九世

▲ 蘭姆酒是雞尾酒的六大基酒之一，拉美各國生產的蘭姆酒爭奇鬥艷。

紀中葉以前，全賴黑奴以血淚灌溉、釀製而成。早期，煉糖廠的工作環境十分惡劣，沒想到在惡劣環境中竟然意外釀出甘蔗酒，亦即蘭姆酒。爾後，天性達觀的古巴人稱蘭姆酒為「蔗糖歡樂之子」（El hijo alegre de la caña de azúcar）。

甘蔗汁有祛痰潤肺、消暑降火、解熱解毒、祛胃熱除心煩等功效，是糖廠黑奴經常偷喝的飲料。據信，在加勒比海的某個島嶼，一名黑奴無意間喝

▲ 以古巴哈瓦那俱樂部蘭姆酒為基酒所調出的「莫希多」和「黛奇麗」頗受歡迎。圖為古巴伯迪奇達（La Bodeguita del Medio）酒吧的調酒師，同時調出九杯「莫希多」，出神入化的手藝令人嘆為觀止。

了發酵的甘蔗汁，而醉意醺醺，消息傳開後，其他的黑奴無不想藉機品嚐，且將之視為瓊漿玉液。起初，這種發酵的甘蔗酒被稱為「tafia」或「matadia-blos」，即消滅惡魔之意，也象徵祛除疫病或藉酒消愁。

蒸餾法發明後，提高了甘蔗酒的酒精濃度。由於甘蔗酒是海盜集團的基本配額，海盜將甘蔗酒帶至船上享用，隨著海盜四處流竄，甘蔗酒也流行於加勒比海的大小島嶼。

十八世紀初，甘蔗酒已聲名大噪，不只是海盜，也是船員最愛的飲品，更被人口販子當成貨幣用以交易奴隸。

十八世紀中葉以降，蘭姆酒取代了啤酒，成為英國海軍在加勒比海執勤時的配給。為了避免官兵酗酒鬧事，彼時的英國海軍艦長會要求官兵在蘭姆酒內加水稀釋，並加入糖和柳橙汁，如此一來，不僅不會飲酒過量，同時增加口感，也補充了維生素C，預防壞血病。

但是，甘蔗酒為何又被稱為蘭姆酒？

蘭姆酒譯自英文的「rum」，西班牙文為「ron」、法文為「rhum」。對於這個字的起源，眾說紛

▲ 海明威生前喜歡到古巴哈瓦那的佛羅里迪達（El Floridita）用餐並品酌「黛奇麗」。佛羅里迪達調酒師為海明威調製他個人專屬的黛奇麗，這款調酒因雙份蘭姆酒而釋出陽剛氣質，因冰鎮口感投射出豪邁性格，深受海明威喜愛，令他聯想起海洋，並將「黛奇麗」化為要角，出現在《溪流灣中的島嶼》（*Islands in the Stream*，1970），形容「黛奇麗儼然船頭翻滾的海浪」。

紘。有說源自加勒比海地區的黑話「rumbullio」或「ronbullión」，指海盜掠奪金銀財寶後，飲酒作樂時的狂歡舉動，具有興奮、騷動之意。也有說「rumbullio」乃英格蘭南部的俚語。還有人認為源自巴多瓦語（patois）[25]，由「rheu」（蔗莖）與「bouillon」（蒸餾汁液）所組成。另有一說，「rum」係來自蔗糖之拉丁文「Saccharum officinarum」，取其最後一個音節而成。

如今，拉丁美洲暨加勒比海地區在種植甘蔗之際，亦出產其獨特的蘭姆酒，例如：波多黎各的百加得（Bacardí）[26]、多明尼加的巴塞羅（Barceló）、古巴的哈瓦那俱樂部（Havana Club）、瓜地馬拉的薩卡巴（Zacapa）、尼加拉瓜的甘蔗花（Flor de Caña）、巴拿馬的祖父（Abuelo）、巴西的畢杜（Pitú）。因甘蔗品種不同、醱酵時間不一、蒸餾方法迥異、貯藏時間長短不等，各有千秋。獨飲陳年酒、或啜飲雞尾酒，也隨各人喜好。

蘭姆酒是六大基酒之一，海明威最愛的「莫希多」（Mojito）和「黛奇麗」（Daiquirí），或「自由古巴」（Cuba libre）……皆為聞名遐邇的雞尾酒，每一款都有其背後故事。

人生幾何，對酒當歌！自古以來酒是及時行樂的良伴，也是解悶消愁的摯友。從龍舌蘭酒到蘭姆酒，酒文化雖引人遐思，但必須遵守「未成年請勿飲酒、喝酒不開車、開車不喝酒」。

25 加勒比海一種混合法語和非洲土語的方言，流行於法屬安地列斯群島。
26 於一八六二年成立於古巴，在古巴大革命之後，攜帶品牌出走，到波多黎各重起爐灶。

禦寒熱飲：甘蔗種植史的甜蜜邂逅

在西葡殖民時期，蔗糖係拉丁美洲重要的經濟命脈，除了提煉砂糖之外，糖廠亦將煮沸後的糖漿倒入模型，製成糖磚，以棕櫚葉包裝出口至宗主國。糖磚意外養成拉美人愛吃甜食的習慣，進而改變許多傳統食譜的味道，為拉美飲食文化增添風味。

自甘蔗於一四九三年被移植至古巴後，蔗糖一度成為拉丁美洲重要的經濟命脈，與殖民歷史、莊園制度、奴隸貿易密不可分。時至今日，全球約三十個國家生產蔗糖，其中十四國分布在拉丁美洲。以產量而言，巴西居全球之冠，墨西哥、古巴、哥倫比亞、阿根廷、瓜地馬拉占居全球前十五名，另外如祕魯、厄瓜多，委內瑞拉等國每年亦有超過六百萬噸的產量。

在殖民時期，征服者引進磨坊與榨汁機，壓榨蔗莖，取得甘蔗汁

▲ 圖為糖磚，是各種糕點、飲品的甜味來源，尤其傳統熱飲更少不了糖磚的調味。

後，將之煮沸成糖漿，待水分蒸發結晶後即得砂糖。除了砂糖之外，糖廠亦將煮沸後的糖漿倒入模型，製成糖磚，以棕櫚葉包裝出口至宗主國。各個蔗糖產區均有其獨特的糖磚形狀，除了較常見的磚形之外，尚有圓形、圓錐形等。至於糖磚的名稱各地亦不同，例如：巴西稱之「raspadura」；墨西哥與中美洲稱為「piloncillo」；到了哥倫比亞與厄瓜多又改為「panela」；在委內瑞拉習慣以「papelón」稱之；至於祕魯與玻利維亞則名為「chancaca」。

糖磚係未精製的粗糖，為黃色或紅褐色，富含維生素B群、維生素C、鐵、鈣、磷及其他營養，一直被視為健康食品，並做為糕點、飲品的甜味來源，添增其他口味的小塊糖磚甚至被當成糖果食用。換言之，糖磚養成拉美人愛吃甜食的習慣，進而改變許多傳統食譜的味道，尤其傳統熱飲，更少不了糖磚的調味，墨西哥的玉米糊（atole）即為其中一例。

在前哥倫布時期，古印地安人將玉米粉倒入水中，以慢火熬成濃稠的玉米糊。原味玉米糊又名白玉米糊，僅有玉米本身的淡淡甜味，供平時飲用，並充當病人的流質食物，減緩身體不適。另外，亦常在玉米糊內調入蜂蜜、辣椒末和可可粉等，做為宗教節慶中的必備飲品。

墨西哥淪為西班牙殖民地之後，征服者並不喜歡阿茲特克人的原來口味，而在玉米糊內加入糖磚、巧克力、香草、肉桂、水果泥等，調和成十分甜膩的口感。在熱巧克力流行後，玉米糊曾被貶為窮人的飲料，墨西哥因而產生一句相關成語：「微笑喝玉米糊勝過流淚啜飲巧克力。」意指，寧願貧窮但幸福過日子，也不願當個不快樂的富人。如今，玉米糊是墨西哥最普及的飲品，擴及整個中美

▲ 拉美人愛吃甜食，可從墨西哥的甜食專賣店看見端倪，店中除了蔗糖糖磚之外，尚有許多由水果製成的各類糖磚。

▲ 玉米糊的歷史十分悠久，圖中的玉米糊以幹生果為容器，並撒上肉桂粉，是平時的飲品。

洲，做法五花八門，其至在聖誕節也有其獨特做法。墨西哥高原的居民常以玉米粽（tamal）配玉米糊為早餐，展開活力的一天，深夜再以熱騰騰的玉米糊驅寒。

同樣，南美洲安地斯山區日夜溫差極大，夜裡寒氣逼人，在哥倫比亞、厄瓜多、祕魯、阿根廷等安地斯國家，流行肉桂水果酒（canelazo）熱飲，暖胃禦寒。這款熱飲因肉桂、丁香花乾、奎東茄（naranjilla）、甘蔗烈酒與糖磚等基本成分而得名；其中，甘蔗烈酒常為傳統手工釀造。奎東茄學名「Solanum quitoense Lam」，茄屬，係南美洲原生植物，直徑約六公分，外皮呈金黃色，有濃濃酸味。

據信，肉桂水果酒起源於殖民時期，起初做法簡單，流行於原住民部落與中下階層。安地斯國家獨立建國後，肉桂水果酒搖身一變，成為「美妙之水」（agua gloriada），也有「糖水」（agüita de azúcar）之稱，深受大眾喜愛，是招待訪客、或節慶中不可或缺的飲品，並隨著各地習俗與特產，衍生出千百種配方，在爭奇鬥艷中展現地域性與民族風。在南美洲的一些小說作品裡，常出現主人為夜間訪客獻上一杯肉桂水果酒的情節，似乎刻意凸顯這款熱飲的重要性。

厄瓜多首都基多為了慶祝建城而每年舉行「基多節慶」（Fiestas de Quito），自一九六〇年代起，肉桂水果酒儼然「基多節慶」的靈魂飲品，似乎少了肉桂水果酒，「基多節慶」就乏味單調。的確，在哥倫比亞、厄瓜多、祕魯、阿根廷等國的重要慶典裡，不乏肉桂水果酒的身影。

甘蔗係外來植物，卻在拉丁美洲落地生根，更深耕創造出各種甘蔗烈酒、蘭姆酒，同時以糖磚為拉美飲食文化增添風味。無論是玉米糊、抑或肉桂水果酒，亦可改為冷飲，但仍以暖胃禦寒的熱飲最受歡迎，彷彿禦寒之餘，也沖淡昔日遭殖民剝削的哀愁。若蘭姆酒是蔗糖的歡樂之子，那麼摻入糖磚的熱飲就是甘蔗種植史裡的甜蜜邂逅。

拉丁美洲的咖啡文化

一般而言，咖啡產區多位於開發中國家，而咖啡消費國則為所謂的第一世界。拉丁美洲雖然是咖啡生產地，但拉丁美洲人也是咖啡的愛好者，進而衍生出獨特的咖啡文化。

咖啡應該是全世界最普遍的提神「藥物」，也是最具經濟價值的飲料。美國堪稱咖啡消費量最高的國家，一天可消費四億杯；在芬蘭，則平均每人每天會喝四至五杯的咖啡，創單人最高咖啡消費量；其他如瑞典、義大利、日本、韓國等，亦是咖啡重要的消費國。

據信，西元六世紀，一名衣索匹亞牧羊人無意中發現，羊兒吃了一種灌木的紅果實後，變得活力充沛，牧羊人於是將果實分給僧侶食用，果然有助於僧侶在晚禱時保持清醒。這種果實就是咖啡豆。史學家一致認為

▲墨西哥的陶鍋咖啡充滿民俗風，喝起來不只有咖啡香，還有肉桂、茴香等香氣。

咖啡原產地為衣索匹亞高地，最初的食用方式為直接咀嚼咖啡豆，並非現在的沖煮式。

十五世紀，咖啡傳入麥加，前來麥加朝聖的回教徒將咖啡傳遍整個伊斯蘭世界。於是從開羅、伊斯坦堡、德黑蘭，一路來到威尼斯。十七世紀末，咖啡已成為歐洲的普遍商品，咖啡館文化漸漸形成，也因為歐洲人有計畫地在殖民地生產咖啡，咖啡才能成為世界性飲料及全球化作物。

咖啡傳入拉丁美洲的說法有多個版本。一般認為，法國海軍軍官狄克魯（Gabriel Mathieu de Clieu，1687 -1774）於一七二〇年，從皇家溫室內偷了一株、或許數株咖啡苗，帶到加勒比海的馬丁尼克（Martinique）島後，開啟了拉丁美洲咖啡的盎然商機。另有一說，荷蘭人最早將咖啡移植至拉丁美洲殖民地蘇利南（Suriname）。

▲ 哥倫比亞咖啡品牌「胡安・瓦德斯」在國際市場知名度極高。

▼ 墨西哥人所改良的卡布其諾，其牛奶比率高達百分之八十，而且以愛爾蘭玻璃杯盛裝，已非原來的義式做法。

咖啡生長帶分布於南北緯二十五度之間。位於這個生長帶的國家除了衣索匹亞、葉門、肯亞等，尚包括廣袤的拉丁美洲。阿拉比卡（Arabica）係高海拔品種，為咖啡的主流品種，而拉丁美洲介於六百至一千五百公尺的高地頗多，加上日照充足，適合阿拉比卡種生長。一株咖啡種植四年即可收成，隨後進入盛產期，可連續生產幾十年，係投資報酬率高的經濟作物。不過，咖啡乃需要大量勞力的作物。在殖民時期，咖啡園業主均為當地寡頭與大地主，勞力來源為原住民或黑奴。十九世紀末，除了傳統的大型咖啡園外，開始出現家庭式咖啡小農，同時也有資金雄厚的跨國公司搶食咖啡大餅。拉美咖啡經濟背後其實是一部充滿剝削、不公與壟斷的廉價勞動史。

如今，拉丁美洲為世界重要的咖啡產地之一，咖啡儼然拉丁美洲的特產。據統計，在拉丁美洲今日的可耕地之中，咖啡園至少占了百分之四十五。因地利之便，拉丁美洲的咖啡豆主要銷往美國，其次輸往歐洲與亞洲。一般而言，咖啡產區多位於開發中國家，而咖啡消費國則為所謂的第一世界。拉丁美洲雖然是咖啡生產地，但拉丁美洲人也是咖啡的愛好者，除了常見的美式、摩卡、拿鐵、卡布其諾及濃縮咖啡之外，各地也有自己的飲法與術語，進而衍生出獨特的咖啡文化。

巴西的咖啡產量居全球之冠，其咖啡消費量相當驚人，居世界前十名之內。巴西人視咖啡為促進社交往來的萬靈丹，常在各式各樣的聚會中，不知不覺喝下一杯又一杯的濃縮咖啡。

墨西哥人頗愛喝卡布其諾，然而，其牛奶比例高達百分之八十，而且以愛爾蘭玻璃杯盛裝，已非原來的義式作法。墨西哥尚流行一款充滿民俗風的「陶鍋咖啡」（café de olla），其作法為：將水放入陶鍋中加熱，水滾後加入肉桂和糖磚再煮二十分鐘，亦可隨個人喜愛而加入茴香，接著倒入剛磨好的咖啡粉，一沸騰立即熄火，悶五分鐘待入味，最後濾渣以陶杯盛裝。

哥倫比亞咖啡備受好評，並以「胡安．瓦德斯」（Juan Valdez）這個品牌打響國際知名度。「胡安．瓦德斯」係由哥倫比亞咖啡農協會所創造出的人物，為蓄著八字鬍的農夫，牽著一頭小驢子，模樣十分親切。哥倫比亞人最常飲用「科爾達多」咖啡（cortado），其比例採一半咖啡、一半牛奶。此外，哥倫比亞的「外衣咖啡」（café chaqueta）類似墨西哥的「陶鍋咖啡」，將糖磚放入滾水中，再加入咖啡粉，彷彿為咖啡披上甜蜜外衣。

牙買加的藍山咖啡是世界各地咖啡館常見的選項之一，其他如古巴、多明尼加、瓜地馬拉、宏都拉斯、尼加拉瓜、薩爾瓦多、哥斯大黎加、巴拿馬、委內瑞拉、祕魯等地，在生產高品質咖啡之際，也為咖啡增添多種飲法。

咖啡館文化在拉丁美洲流行百餘年。一如歐洲，拉丁美洲的咖啡館也是騷人墨客討論文學與政治的場域，孕育革命解放與自由思潮之處，至今仍有多家歷史逾百年的咖啡館，例如：布宜諾斯艾利斯的托爾多尼咖啡館（Café Tortoni）、蒙得維的亞的巴西咖啡館（Café Brasilero）、里約熱內盧的哥倫布咖啡館（Confeitaria Colombo）、墨西哥城的塔庫巴咖啡館（Café de Tacuba）。

從一株幼苗，變成重要的咖啡產區，再衍生出獨特的咖啡文化，這外來植物在拉丁美洲找到深耕的魔幻要素。

馬隨著西班牙拓殖者登陸美洲，在馬的協助下，歐洲人征服了美洲，也因為馬及其他牲口的加入，美洲的經濟得以蓬勃發展，美洲的鄉村文化更加豐富。從北美洲到南美洲，衍生出數個詞彙指稱馬術精湛的牧人，美麗與孤寂成了牧人的生活寫照；然而，在美麗與孤寂的背後，卻暗藏生態浩劫的危機！

7. Chapter
美麗與孤寂

馬：既華麗且孤獨的伙伴

一四九三年，二十五匹西班牙純種馬隨著哥倫布走入美洲歷史，從西班牙島繁衍至其他加勒比海島嶼，再跟著不同的征服者來到墨西哥、中美洲、祕魯、智利、阿根廷等地。如今，馬不僅是拉美各國經濟活動的要角，也參與文化及藝術發展，為騎士與牧人寫下既華麗且孤獨的史詩！

除了安地斯山區的駱馬、羊駝等駱駝科動物外，美洲古文明發展史中並無牛、馬之類的役獸與馱獸。其實，史前時代馬曾存在於美洲大陸，只是後來在更新世末期滅絕。

一四九二年，哥倫布首次登陸加勒比海小島，當地的奇風異俗令他驚訝不已，包括美洲沒有馬這類的馱獸也令他覺得不可思議。返回西班牙後，哥倫布向西班牙國王稟報美洲見聞，當然也提及美洲沒有馬一事。

西班牙國王於是指示哥倫布，從西班牙南部的格拉納達（Granada），挑選二十五匹西班牙純種馬（公馬二十匹、母馬五匹），隨哥倫布到美洲進行第二次探險，以方便運輸及拓殖。西班牙純種馬高不到十四拃（palmos）[27]，體型雖非特別高大，但肌肉健壯，容易馴服，以聰明、敏捷、迅速、勇猛而聞名，再加上耐餓、耐渴、耐寒，適合翻山越嶺、長途跋涉，因而被西班牙貴族視為最佳的戰馬，西班牙皇室也常以西班牙純種馬做為外交禮品，贈予其他歐洲皇室。

一四九三年五月二十三日，那二十五匹西班牙純種馬正式走入美洲歷史，從西班牙島繁衍至其他加勒比海島嶼，再跟著不同的征服者來到墨西哥、中美洲、祕魯、智利、阿根廷等地，參與拓殖行動，對美洲影響深鉅。美洲幅員遼闊、地形起伏多貌、氣候變化多端，西班牙純種馬不僅繁

27 拃為西班牙測量單位，指大姆指與小指開放後的兩端距離。

▲ 自從馬走入拉美歷史後，在拉美畜牧業扮演要角。圖為十九世紀初的版畫，描繪牧人馴馬景象。

殖速度快，並適應各種地形與氣候。無論奔馳在乾旱的莽原抑或貧瘠的高原，不管處於溼熱的叢林、抑或多雨的低地，西班牙純種馬依舊敏捷矯健。

起初，西班牙征服者騎馬攻克印地安部落的樣子，曾令印地安人以為世上有半人半馬的怪獸而潰不成軍，更將馬視為「巨鹿」般崇拜。不過，印地安人很快瞭解馬是人類的工作伙伴，因而到征服者陣營偷馬馴養，或利用被奴役之際伺機學習如何駕馭馬匹，有人馬術精湛甚至勝過西班牙征服者，例如智利原住民英雄勞塔洛（Lautaro，1534- 1557），本來是一名替征服者照料馬匹的年輕俘虜，逃亡後搖身一變，成為馬布切（mapuche）戰士，騎馬馳騁戰場並擊潰征服者。

西班牙征服者並非攻無不克，在征服墨西哥北部、亞馬遜叢林、智利高原等處時，曾發生過全軍覆沒的悲劇，馬匹在主人失利後成為野馬四處繁衍，誤入印地安部落，印地安人因而練就馴服野馬的本事。

在殖民時期，騎馬乃貴族、地主或軍官的特權，除了少數特許的印地安貴族後裔外，一般的印地安人不准騎馬，更不能私自擁有馬匹。馬不只是貴族顯示身分的坐騎，也是協助發展農、牧、礦業最重要的役獸，偷馬賊因而十分猖獗，為拉美發展史增添軼聞。雖然征服者嚴禁印地安或混血奴工騎馬，但奴工的勞役也包括照料馬匹，長期與馬為伍，奴工與馬之間的互動相當緊密。

再者，殖民政府實施大莊園制度，大莊園主礙於現實需要，只好容許奴工騎馬，負責放牧、護衛、巡邏、運輸等工作。牧人騎馬在廣袤大地上放牧牲畜，無論牛隻抑或羊群，北從墨西哥、南到阿根廷，

▲ 美洲的印地安人從未見過馬，初次見到西班牙征服者騎馬奔馳的樣子，令他們驚慌失措，以為那是半人半馬的怪獸。圖為殖民時期所畫的墨西哥征服史，收藏在西班牙美洲博物館。

均生產優質的肉品、毛料、皮革，以及相關副產品。在蒸汽機與火車發明之前，大莊園以馬力推動磨坊，提高蔗糖、穀物生產量；此外，馬車是最重要的陸上運輸工具，對礦產運輸貢獻頗多。

牧人在騎馬放牧之際，同時經營馬術、套繩、口技、歌舞等藝術，蔚為獨特的牛仔文化，並讓拉美贏得「騎士之地」（Tierra de Jinetes）的美譽。除了坐騎及馬術外，各國的牛仔文化有相似性，卻又不盡相同，各有各的地域性丰采，有的散發歡愉氛圍，有的則流露出浪人的特質。例如：美國的牛仔（cowboy）、墨西哥的「恰洛」（charro）、委內瑞拉的「亞內諾」（llanero）、厄瓜多的「恰格拉」（chagra）、祕魯的「科里拉索」（qorilazo）、智利的「瓦索」（huaso）、阿根廷與烏拉圭的「高卓」（gaucho）[28]、巴西的「潘達內伊羅」（pantaneiro），相互爭奇鬥艷。

從征服到拓殖，再從拓殖到建國，馬不僅是拉美各國經濟活動的要角，也參與文化及藝術發展，為騎士與牧人寫下既華麗且孤獨的史詩！

28 或譯為「高喬」。

恰洛：五彩繽紛的馬背上生活

褪下粗鄙形象，穿戴帥氣的騎士裝和寬邊帽子，脖子上繫了領巾，腰間佩帶砍刀或手槍，一手握著韁繩，一手持著套繩，在綿延起伏的壯闊大地上馳騁，「恰洛」儼然要角，為墨西哥歷史妝點出獨特的文化氛圍，被公認最足以象徵墨西哥精神。

美國西部牛仔精於套繩和馴服野馬，且為今日時尚圈貢獻了既粗獷又經典的牛仔裝扮，尤其耐磨的牛仔褲儼然人人的必備品。不讓美國牛仔專美於前，代表墨西哥牧場文化的「恰洛」，也同樣為服裝界增添華麗元素，在墨西哥多元文化中脫穎而出，被公認最能象徵墨西哥精神。「charro」一詞源自西班牙薩拉曼卡（Salamanca），指當地的村民及其穿著。這個詞傳入墨西哥後，起初被用來稱呼庸俗之人，後來則為騎士之意。

除了礦業之外，墨西哥自殖民時期即發展大莊園式的農、牧業。除了騎馬放牧外，尚需要騎術精湛的雇工和警衛，負責保安工作，這類工作大部分由混血的梅斯蒂索人擔任，因而產生所謂的粗鄙「恰洛」。久而久之，各個莊園、牧場陸續組織馬隊，相互較量馬術，彼此比較排場。大地主為了炫富，同時凸顯與其他「恰洛」的不同，於是模仿貴族，穿起線條剪裁優雅的騎士裝，裝飾著絢麗刺繡或亮片，並戴上寬邊帽子，十分醒目。

十九世紀是匪盜與走私猖獗的年代，尤其在法律保護不了的鄉野地區，民間馬隊是維持社會秩序的支柱。「恰洛」或為地方自由派的領袖、或為濟弱扶傾的義賊、或為伸張正義的英雄、或為對抗貪瀆政府的鄉紳。褪下粗鄙形象，穿戴帥氣的騎士裝和寬邊帽子，脖子上繫了領巾，腰間佩帶砍刀或手槍，一手握著韁繩，一手持著套繩，在綿延起伏的壯闊大地上馳騁，「恰洛」儼然要角，為墨西哥歷史妝點出獨特的文化氛圍。

「恰洛」除了馬匹長年相伴外，還有一首首動人的「寇里多」（corrido）慰藉心靈，共同譜寫出多彩多姿的「恰洛」文化。「寇里多」是墨西哥式的八音節歌謠，具有戲劇性，曲類適合即興創作，舉凡歷史事實、社會現象、新聞事件、愛情故事等，當然包括「恰洛」躍馬曠野的英勇事蹟，均可在「寇里多」的悠揚音符中流洩而出。

「恰洛」也參與墨西哥大革命，在家園有難之際，即躍上馬背，保家衛國。二次大戰期間，軸心國覬覦墨西哥海域的石油藏量，有意侵犯墨西哥海域，雖然軸心國的兩艘石油探勘船在墨西哥海域沉沒，但納粹組織已滲透墨西哥社會，在墨西哥政經界蠢蠢欲動，墨西哥民間於是組織了一支人數高達十五萬人的「恰洛」騎兵隊，命名為「墨西哥游擊隊員軍團」（Legión de los Guerrilleros Mexicanos），駐守全國兩百五十個據點，防範軸心國的可能入侵。這支「恰洛」騎兵隊隨著二次大戰結束而解散，卻留下一段令人津津樂道的愛國事蹟。

透過音樂及電影的傳遞，「恰洛」不只是莊園制度下的普通騎士，他們保有赤子之心，崇尚歡愉的自由精神，更代表忠誠與愛國，諸多特質成為墨西哥各行各業的模仿典範。

今日，傳統的「恰洛」文化依然盛行於墨西哥西部的哈利斯科州，但這股風潮從莊園、牧場流行

▲ 墨西哥的牛仔「恰洛」除了展現精湛馬術之外，也愛炫耀行頭，甚至發展出各種套繩技巧，吸引觀光客體驗昔日的莊園文化。

到各大城市，甚至連女人也熱中於馬術，而頂上「恰拉」（charra）的女騎士頭銜。「恰洛」在展現精湛馬術之餘，並炫耀行頭。大自璀璨的寬邊帽子，小到做工繁複的腰帶，那令人目不暇給的騎士裝成為墨西哥民族符號。街頭樂團瑪利亞齊不能免俗，借用「恰洛」騎士裝做為制服；此外，在足球賽事中、各種傳統節慶裡、墨西哥政府的國宴上，不時瞥見「恰洛」耀眼的身影穿梭其間，增添熱鬧風情。

毋庸置疑，墨西哥是一個多元文化的國家，然而，「恰洛」文化卻是被公認最能代表自由奔放的墨西哥，觀光客為了目睹那充滿民族風的馬術表演，不遠千里而來，不少人臨走前還會買一頂絢爛的「恰洛」帽做為旅遊紀念。

▲墨西哥的「恰洛」文化為服裝界增添華麗元素，尤其絢爛的寬邊帽子已成藝術品，令觀光客愛不釋手。無論是節慶、抑或國宴，繽紛的「恰洛」帽最足以代表墨西哥精神。

莽原瀕臨失傳的牧歌

牛仔鎮日與牲畜為伍，擅長口技，以各種複雜人聲為口令，趕牛、擠乳，而牛隻彷彿聽懂這些口令，也以一聲「哞」回應。牛仔的口技、人聲、歌謠代代相傳，蔚為莽原牧歌。然而，隨著畜牧業的現代化，貨車載運取代騎馬趕牛，自動化擠乳設備取代傳統人工方式，莽原牧歌因而被遺忘，導致瀕臨失傳的危機。

奧利諾科（Orinoco）河全長約二千四百公里，係南美洲第三大河，發源於委內瑞拉西南部山區，貫穿委內瑞拉，其中一段成為委內瑞拉、哥倫比亞的國界，最後注入加勒比海。奧利諾科河流域甚廣，主要為莽原及叢林兩種地形。莽原地形介於北緯八度至十度之間，占地頗廣，除了分布在委內瑞拉境內，亦擴及哥倫比亞。

這片莽原逾三十七萬五千平方公里，被名為「洛斯亞諾斯」（Los Llanos），即平原之意，屬熱帶乾溼季氣候，地景為高草，夾雜著灌木和疏林。五月至十月是夏季，也是雨季，區域內的河流常常宣洩不及而氾濫，形成溼地，部分積水達一公尺之高。冬季是乾旱期，河流水量因而呈現枯竭狀。自

▲委內瑞拉牧人「亞納諾」以莽原為家，與牲畜為伍，衣著簡樸，甚至赤腳騎馬，流露出略帶孤寂的男子氣概。

西班牙殖民時期起，莽原內的居民被稱為「亞內諾」，原文「llanero」即平原人、或牛仔，以放牧為生。牛隻品種主要源自印度的瘤牛，毛短，抵抗力強，生長期短，肉質細嫩，產乳量豐，經濟價值高。「亞內諾」以莽原為家，精於騎術。在南美洲爆發獨立時，「亞內諾」拿起長槍（lanzo），加入槍騎兵（lancero），參與多次決定性戰役，為「大哥倫比亞共和國」催生。一八三〇年，「大哥倫比亞共和國」瓦解，「亞內諾」因而被迫分屬委內瑞拉與哥倫比亞兩國，然而，這片莽原的牛仔文化卻無國籍之分。

莽原一望無際，奧利諾科河的大小支流形成天然屏障，偶而也會窺見零星的人工圍籬。雨季來臨時，牛群會憑本能避開洪水，集體遷移至安全處。面對大片積水，身手矯健的「亞內諾」幾乎無用武之地。待積水退去後，莽原上長滿高草，牲畜遍布，形成特殊景色，而這意味著「亞內諾」進入工作旺季，偷牛賊當然跟著猖獗。牛群裡，有被烙上記號的牛隻，代表有飼主的牲畜；也有在雨季出生的牛犢，身上尚未有烙印；還有之前走失的牛隻，隨著同伴歸隊。「亞內諾」於是騎馬趕牛，按其年齡、體型、記號等分類，以利販賣；同時，「亞內諾」也得防範偷牛賊，並忙於屠宰牛隻，製作皮革，醃製肉干。

與拉美各地的牛仔相較之下，「亞內諾」同樣充滿草莽氣概，但不追求墨西哥「恰洛」的華麗打扮，也不如智利「瓦索」一般有體面騎馬裝，反而衣著簡樸，習慣赤腳騎馬，裸露的腳趾因長期與馬蹬磨擦而彎曲變形，「亞內諾」卻視之為真男人的表現。

▲ 馬是莽原上最重要的交通工具，也是牧人最得力的工作伙伴。

「亞內諾」日出而作，日落而息，鎮日與牲畜為伍，經常一連數天騎馬趕牛穿越莽原，而牛隻數量甚至多達五百頭，隊伍之龐大可想而知。瘤牛體型大，即便兩、三歲的小牛仍不易馴服，因此，「亞內諾」擅長口技，以各種複雜人聲為口令，與牛群互動，為牛隻擠乳，而牛隻彷彿聽懂這些口令，也以一聲「哞」回應。以人聲引領牛隻遷移，可減少走失機率。亦即，舉凡前進、休歇、放牧、擠乳等，皆有其特殊口令及人聲。此外，躍馬奔馳，仰望蒼穹，壯闊莽原啟發「亞內諾」即興創作的天賦，以清唱方式抒發情緒、詠嘆生命。雖然題材不斷環繞在牲畜、生活與大自然等，旋律卻千萬變化，藉清澈歌聲展現莽原堅毅的生命力。這些口技、人聲、歌謠代代相傳，蔚為莽原牧歌，傳唱四百年之久。莽原牧歌儼然集體記憶，有些牧歌後來以豎琴、沙鈴、曼陀林琴（mandolina）伴奏，進而在十八世紀中葉衍生出一種名為「荷羅波」（joropo）的鄉村歌舞。

隨著畜牧業的現代化，貨車載運取代騎馬趕牛，自動化擠乳設備取代傳統人工方式，莽原牧歌因而被遺忘，導致瀕臨失傳的危機。二〇一七年，聯合國教科文組織將莽原牧歌列入人類非物質文化遺產名錄，協助委內瑞拉、哥倫比亞兩國政府保存各式莽原牧歌，以聲音紀錄莽原生活之際，也回味昔日人畜相伴的孤寂氛圍。

胼手胝足的安地斯山騎士

厄瓜多有一群被名為「恰格拉」的牛仔，胼手胝足，為厄瓜多寫下「安地斯山騎士」的傳奇。其實，「恰格拉」不僅是職業稱呼，更代表生活模式，象徵高地精神。

提到厄瓜多，直覺反應是該國因赤道穿過而得名，吸引各國觀光客到赤道線一遊，雙腳各踩在赤道線兩邊，象徵跨越兩個世界。喜歡時尚的朋友，一定知道厄瓜多是「巴拿馬帽」的故鄉，甚至擁有一頂時髦的「巴拿馬帽」；喜歡甜食的朋友，一定知道厄瓜多有「可可共和國」之美稱，生產高品質的巧克力；喜歡花藝的朋友，一定不會忽略厄瓜多這個全球重要的花卉市場，尤其每年生產的安地斯山玫瑰，為厄瓜多帶來可觀的外匯。

當然，厄瓜多還有一群被名為「恰格拉」（chagra）的牛仔，胼手胝足，從事放牧工作，為厄瓜多寫下「安地斯山騎士」的傳奇，與拉美各地牛仔齊名，並展現其獨特風情。

據信，「chagra」一字源自印加官話克丘亞語的「chacra」，意思是家族一起耕種且共享收成的土地，引申為莊稼、勞務等意。在殖民時期，「恰格拉」一詞則頗具貶義，除了指莊稼漢之外，更泛指目不識丁、舉止粗鄙、品味低俗之人。在首都基多，「恰格拉」一詞亦指來城市討生活的外鄉人。如

▲「恰格拉」除了騎馬趕牛、圍牛之外，也兼作農務，由於棲身寒冷與多雨的荒涼高原，斗篷是重要的禦寒衣物。

▼在殖民時期趕牛、圍牛是娛樂，同時也是競技。圖為殖民時期的畫作，描繪「恰格拉遊行」盛會，有人騎馬圍牛，也有人合力以套索捕牛。

今，「恰格拉」已扭轉形象，指生活在厄瓜多高原的牛仔，象徵高地精神。的確，「恰格拉」不僅是職業稱呼，更代表生活模式，與高地文化息息相關。

騎馬趕牛、圍牛是「恰格拉」最主要的工作，但為了貼補家用，他們也養雞和天竺鼠，並在有限的耕地種植玉米、馬鈴薯等雜糧。由於棲身寒冷與多雨的荒涼高原，「恰格拉」以紳士帽、圍巾、斗篷、羊毛皮褲及長靴為基本的禦寒服飾。斗篷是安地斯山區的符碼，是最佳的擋風衣物，也是最好的騎馬裝。「恰格拉」偏好羊毛編織的條紋或素色斗篷。此外，下半身的羊毛皮褲頗引人矚目，不僅凸顯「恰格拉」與眾不同，同時散發出安地斯山的粗獷特質。至於女士，同樣戴上紳士帽，但習慣穿著繡花上衣，以披肩代替斗篷，以長裙取代皮褲，豪邁中增添女性嬌柔。

與其他國家的牛仔相較之下，「恰格拉」的傳統服飾相對樸實，一如委內瑞拉牛仔「亞內諾」、阿根廷牛仔「高卓」。然而，他們不似「亞內諾」以輕便衣著為主，甚至赤腳騎馬；他們也不像「高卓」，以燈籠褲穿出隨遇而安的天性；他們以一襲厚重的打扮，在在說明了與惡劣環境共生共存的堅毅性格。

「恰格拉」相當重視家庭生活，男人是一家之主，女人除了養兒育女之外，也分擔部分工作。既然「恰格拉」也是一種生活模式，無論男女，自幼便向父母學習馬術及放牧等技能，讓這高地文化代代相傳。

每年七月的第三個星期六，各地的「恰格拉」會穿戴傳統服飾，匯集到基多附近的小鎮馬查奇

（Machachi），參加「恰格拉遊行」（paseo del chagra）盛會。「恰格拉遊行」乃當地豐年慶典的其中一項活動，可追溯至一八七七年。那年，科托帕希（Cotopaxi）火山爆發，居民十分驚恐，於是請求本堂神父將基督聖像放置在科托帕希山山麓，希望藉此鎮壓岩漿再度噴發。牛仔騎馬四處找尋倖存的牲畜，以及護送基督聖像到山麓的景象，演變成爾後的「恰格拉遊行」。年復一年，牛仔藉「恰格拉遊行」遙想當年的景況，而這項傳統在百餘年後，淬鍊成厄瓜多最具地方色彩的習俗，厄瓜多政府因而於二〇一八年宣布，將之列入該國的非物質文化遺產名錄。

「恰格拉遊行」盛會尚包括：戶外彌撒、賽馬、圍牛、鬥牛、騎術表演、套索競賽等，再加上歌舞與美食的助興，熱鬧非凡，為馬查奇這個小鎮帶來觀光收益。

自拓殖時期起，「恰格拉」即以高原為家，「安地斯山騎士」並非浪得虛名，躍馬穿梭在險峻的山巔，探索每寸土地的祕密，耕耘出多采多姿的山區牛仔文化。

黃金套索：技藝超群的牛仔

在祕魯南部的安地斯山區大草原，牛仔被稱為「科里拉索」，乃「黃金套索」之意，象徵他們有超群的套索技藝，最難馴服的野馬、或最凶猛的牛隻，均逃不出他們手中的繩索。

在祕魯南部有一個省分，名為瓊比維卡（Chumbivilcas），距離古都庫斯科約兩百一十公里。瓊比維卡是一片祕境，土地面積逾五千三百平方公里，人口僅七萬餘人，其中，年齡低於十六歲的人口約占五成。

瓊比維卡境內海拔介於兩千五百公尺至五千五百公尺之間，居民在海拔兩千多公尺的平原區，種植蔬果、玉米、小麥、馬鈴薯等作物。草原區的海拔則有三千八百公尺，乾季時草原區一片金栗色，只有在雨季時才顯翠綠，區域內牧草充足，除了務農之外，瓊比維卡人亦從事畜牧業，飼養馬、牛、羊、豬、羊駝、天竺鼠、家禽等。正如作物及牲畜均依賴土地而生，再加上地形高低起伏劇烈，氣候變化多端，瓊比維卡人崇拜大地，並相信萬物有靈論，賦於大自然魔幻力量，與大自然共生共榮，誠如鄉土作家緬多沙（Erasmo Mendoza）在〈我的瓊比維卡〉（Mi Chumbivilcas）中所描述：

我的瓊比維卡，珍愛的土地，
妳是我的夢想，
我為妳工作，我為妳盡力，
因而幸福無比。
草原漫無邊際，
山峰白雪皚皚，
山崖高峻險要。
女人嬌媚，
男人強健，
係由妳所孕育而成。

勞動的確令男人強健，不過，

▲ 圖為殖民時期的畫作。一如拉美其他地區，馴馬也是祕魯牧人的重要工作。

瓊比維卡人是天生的武夫，以驍勇善戰聞名，曾因西班牙殖民政府徵收高額財賦而揭竿起義，並抓住當地縣長薩加斯德奇（Jerónimo Sagástegui），以農具活活將他擊斃。瓊比維卡人的反抗精神，令鄰近的原住民部落紛紛起而效尤。爾後，圖帕克・阿馬魯二世（Túpac Amaru II，1742-1781）於一七八〇年起義之際，瓊比維卡人率先投入其陣營。圖帕克・阿馬魯二世終究失敗，殖民政府為了防範原住民再度起義而嚴禁其母土文化；然而，瓊比維卡人發揮武夫的堅毅精神，努力傳承母土文化。

今日，瓊比維卡人的武夫性格展現在牛仔身上，牛仔係大草原的靈魂，在當地被稱為「科里拉索」。「qorilazo」一字源自印加官話克丘亞語，乃「黃金套索」（lazo de oro）之意。在印加帝國時代，「黃金」不一定指黃澄澄的金子，舉凡珍貴物質均可稱為「黃金」，例如：小孩、牲畜、太陽、土地等，亦可用於形容精湛技藝之類的非物質。換言之，「科里拉索」不只擅於套索、馴牛、鬥牛、騎術的牛仔，甚至精於以皮革及金屬製作各式馬具。

從一則傳說不僅可探知「黃金套索」一詞的由來，同時也印證瓊比維卡人的精湛套索技藝。據傳，一頭神牛總是於暗夜現身於亞潘達（Laguna Apanta）湖畔，一名科塔班巴斯（Cotabambas）人與一名瓊比維卡人於是相互較量，看誰能馴服這頭神牛。科塔班巴斯人沒能套住神牛，瓊比維卡人則精準地套中神牛的頭，只是神牛力大無比，極力掙脫，並將瓊比維卡人拖至湖畔，最後跳入湖中逃走。當瓊比維卡人將繩索拉出湖面，原來皮繩變成了金索，而這正是「黃金套索」一詞的由來。

尚有一說，一頭金牛與一頭銀牛現身於湖畔，科塔班巴斯人與瓊比維卡人均有意馴服這兩頭牛，科塔班巴斯人卻失敗，瓊比維卡人經過一番努力終於馴服了金牛，因而贏「黃金套索」之美稱。

大草原的生活環境並非舒適安逸，甚至相當刻苦，但瓊比維卡牛仔卻樂天知命，崇尚自由，豪邁外表下有浪漫多情的一面。昔日，男人有搶親習俗，一手策馬奔馳，一手奮力將心儀女人攬上馬，英雄氣概表露無遺。今日，搶親習俗不再，但男人騎馬馳騁的英姿依舊吸引女人的目光。閒暇之餘，瓊比維卡牛仔喜歡鬥牛，也愛鬥雞，更愛以歌舞自娛，那能歌善舞的天賦一如馬背上的身手十分精采，而吉他、曼陀林琴與套索，均是馬背上不可或缺的配備。

瓊比維卡牛仔的傳統服飾以毛料為主要材質，並搭配皮革，增加粗獷元素。白帽、格子襯衫、皮背心、彩編腰帶、帶著馬刺的皮靴、長及大腿的皮護腿、厚實斗蓬等，是男性的基本服飾。至於女性，以繡花帽、繡花上衣、繡花蓬蓬裙及高跟皮靴，傳遞安地斯山女人的服裝美學。

瓊比維卡牛仔雖然經歷了西班牙殖民政府的西化過程，但至今仍心懷母土文化，以克丘亞語為母語，固守前哥倫布時期的生活習俗、生產方式和宗教信仰。與各國牛仔相較之下，這被稱為「黃金套索」的瓊比維卡牛仔似乎多了些神祕感！

圍牛競技：智利牛仔的驕傲

除了有精湛的騎術之外，智利牛仔還練就了騎馬圍牛的本事，並因這項本事而提升了社會地位。起初，那只是牛仔的其中一項工作，漸漸演變成競技，榮耀、掌聲、歡呼、色彩……令圍牛競技流傳四百餘年而不墜，奠定智利的庶民文化。

智利國土狹長，南北長達四千三百餘公里，東西寬平均約兩百公里（最寬處為四百公里）。有關其國名「Chile」的起源，說法眾多。普遍認為，源自印加官話克丘亞語，係「冰寒」之意。另有一說，「Chile」乃擬聲字，源自當地一種鳥類的叫聲。尚有一說，該字源自艾伊瑪拉原住民語，為邊疆之意。無論哪一種說法，均為智利增添興味。

狹長的國土可分為三部分。北部跨越南回歸線，居信風之背風坡，氣候乾燥炎熱，甚至滴雨不降，而形成乾旱的阿塔卡馬（Atacama）沙漠，沿海地區盛產硝石，山麓則蘊藏豐富的銅和鐵。中部的智利土地肥沃，水源充沛，農業發達，是智利的糧倉，盛產小麥、大麥、玉米、稻米等各種穀物，也是

▲圖為「瓦索」和「瓦莎」的木雕，象徵致力於智利經濟開發的農工階層，也代表富含民俗色彩的庶民文化。

葡萄產區，全國五分之四的人口集中於此。南部則是多雨區，氣候溼冷，森林茂密，並蘊藏鐵礦與石油，境內居民稀少，林木業與畜牧業頗為發達。

雖然中、南部呈現不同地貌與氣候，自殖民時期起，即以農、牧業為重，因而出現大批「瓦索」，在大莊園從事農、牧等勞力工作。所謂「瓦索」，乃農工、牛仔之意，至於農婦則稱為「瓦莎」（huasa）。隨著歲月流轉，這群致力於智利經濟開發的農工階層，為智利奠定最富含民俗色彩的庶民文化。據信，「瓦索」、「瓦莎」源自西班牙安達魯西亞，意指缺乏文化修養的鄉下人。不過，另有學者認為，該詞應該來自安地斯山區中部。總之，「瓦索」即智利牛仔，並擴及精於騎術的長工或莊稼漢，類似拉美各國的牛仔。

「瓦索」身披斗篷，頭戴寬緣帽，除了這兩款基本服飾之外，「瓦索」並依工作、騎馬等活動而有不同穿著。工作服以寬鬆衣褲為主。由於智利地形起伏劇烈，馬是穿梭各地最便捷的交通工具，「瓦索」在馬背上的時間相當長，斗篷是最好的騎馬裝，舒適且能襯托出馬背上的英姿；不過為了因應不同場合，「瓦索」會改穿歐式剪裁的騎馬裝。至於「瓦莎」，則習慣側騎，翻領開襟外套搭配合身長窄裙，腰間繫著紅帶，粗獷中散發女性媚力。

除了有精湛的騎術之外，「瓦索」還練就了騎馬圍牛的本事，並因這項本事而提升社會地位。在拓殖初期，智利牧場沒為牛隻做記號，一旦牛隻走失即很難再找回，總督因而下令在每年的七月二十四至二十五日兩天，統一在聖地牙哥閱兵廣場（Plaza de Armas）為牛隻做記號，並評等分級。「瓦索」將牛群趕往閱兵廣場之際，發展出獨特的圍牛技巧。起初，那只是「瓦索」的其中一項工作，漸漸演變成競技，不再局限於聖地牙哥舉行，擴及全國各地，是各大莊園、牧場最受歡迎的活動，爾後更加入其他餘興節目，形成庶民節慶。

十七世紀末，圍牛競技已有明確規則：以兩名「瓦索」為一組的「雙騎士」（collera），並肩在七十五公尺長的跑道上趕牛，且無第三人的協助下，順利圍住牛隻。一八六〇年代以降，

▲ 圖為二十世紀初的版畫。智利牛仔以騎馬圍牛為榮，並藉騎馬圍牛這項本事提升己身的社會地位。

▲圖為現代油畫，作者不詳，描繪兩名智利「瓦索」組成「雙騎士」，並肩趕牛。

競賽跑道改成新月形，在競賽中表現出色的「雙騎士」贏得眾人的喝采，而這對社經地位不高的「瓦索」而言，乃一項殊榮，因此吸引「瓦索」投入圍牛競技，冀望透過競技躍升為名人。榮耀、掌聲、歡呼、色彩……令圍牛競技流傳四百餘年而不墜，甚至在一九六二年被定為智利國家運動。

如今，「瓦索」已非昔日粗鄙牛仔，不僅為智利保留圍牛競技傳統，也象徵智利的民族驕傲，奠定智利的庶民文化。

高卓人：南美洲草原上的孤寂身影

在南美洲，高卓人自成一個以草原為家、與牲畜為伍的生活體系。草原上的孤寂，只能靠音樂撫慰，喚醒那與生俱來的歌舞天賦，以詩句唱出團結、堅毅與樸實的行事作風，藉動人的音符詮釋慓悍個性，也隱約傳遞草原生活的滄桑。

同樣都有精湛馬術，但與美國西部牛仔、或墨西哥的「恰洛」相較之下，南美洲的高卓人沒有美國牛仔追求美好未來的企圖心，也少了墨西哥「恰洛」的喧嘩特質，似乎更多了一分孤寂與不羈，令高卓文化益發獨特。

「高卓人」這個詞首次於一七七一年出現在文獻中，指藏匿於「東岸地帶」（Banda Oriental）的罪犯。「東岸地帶」係南美洲烏拉圭河（Río Uruguay）以東、拉布拉他河以北、濱臨大西洋岸之處，是西班牙殖民地與葡萄牙殖民地之間的緩衝帶，即今日烏拉圭的部分地區。在殖民地時期，「東岸地帶」罕有人煙，一直被視為「無人管束之地」，一些罪犯、機會主義者紛紛到此找尋生機。

▲ 高卓人自成一個以草原為家、與牲畜為伍的生活體系。圖為阿根廷彭巴平原的一處，高卓人以泥土和茅草搭建簡單的屋舍，除了牛、馬之外，兼養家禽。

至於「gaucho」一字的起源，學界有多種假設，可能源自西班牙語、葡萄牙語、阿拉伯語、吉普賽語、克丘亞語、瓜拉尼語等。有「孤兒」、「流浪漢」、「遊牧民族」等多重涵意，同時也用來稱「鞭策役獸用的鞭子」、「捕捉牲畜的皮繩」。自十八世紀中葉以降，「高卓人」泛指大廈谷（Gran Chaco）莽原、彭巴（Pampa）草原、巴塔哥尼亞（Patagonia）高原的半遊牧族群，一般為西班牙人與原住民的混血人種，範圍擴及阿根廷、智利、烏拉圭、巴拉圭、玻利維亞、巴西等國。高卓人自成一個以草原為家、與牲畜為伍的生活體系。

放眼遼闊的平原，偶然瞥見以泥土和茅草所搭建的屋舍，屋舍外總有一間簡陋的馬廄。對高卓人而言，馬不只是運輸工具，而是伙伴，也是朋友，更是家人。高卓人以放牧為生，牛羊自然被視為財

▲ 圖為一名阿根廷高卓人，雖然身穿現代衣著，臉上仍散發孤寂與不羈的特質。

▼ 圖為乾葫蘆所做成的瑪黛茶具。高卓人有啜飲瑪黛茶的習慣，大家依序輪流共飲，象徵友誼與團結。

富的象徵，並提供生活所需。例如：掛上一張牛皮充當房門，床鋪就用一張張牛皮堆疊而成，皮革可製成各種工具，牛骨則能製成日常器皿，牛糞還可當成柴火燃燒。

高卓人以肉品為主食，別具風味的曠野燒烤法，影響了今日阿根廷、烏拉圭、巴拉圭和巴西等國的飲食。高卓人有啜飲瑪黛茶（mate）的習慣。瑪黛茶係由巴拉圭冬青所泡出的茶湯，沖泡茶湯的容器材質或為葫蘆、或為硬木、或為牛角，各地沖泡方式略有不同，大致上先於容器內放入乾燥後的碎葉梗，尚可加入些許的乾柳橙皮，再沖入熱水，以吸管啜飲。若有多人一起飲用，必須由沖泡者先吸第一口，再傳遞給旁人，大家依序輪流共飲，因此品嚐瑪黛茶象徵友誼與團結。

羊毛斗篷、牛仔帽（或圓扁帽）、棉衣褲、領巾、寬皮帶、皮靴，再加上短刀、鞭繩和捕捉牲畜用的套索（boleadoras）[29]，高卓人以簡單的裝扮長年策馬馳騁於大草原。據信，高卓人的燈籠褲係在十九世紀中葉由英國輸入。在克里米亞戰爭結束後，英國商人將成千上萬的庫存燈籠褲運往阿根廷，意外成為高卓人的經典服飾。

草原上的孤寂，只能靠吉他、班卓琴（banjo）或手風琴撫慰，喚醒高卓人那與生俱來的歌舞天賦，草原上的吟遊詩人（payador）善於即興創作，仿傚氣勢磅礴的史詩，句句唱出團結、堅毅與樸實的行事作風，藉動人的音符詮釋慓悍個性，也隱約傳遞草原生活的滄桑。

29 以皮革製成，類似流星錘。

十九世紀，當南美各國展開獨立運動時，高卓人也加入革命軍，一同為民主國家為催生。一旦國家有戰事，他們也常被召募入伍。在政府所謂「進步」和「現代化」的口號下，原始的草原生活備受威脅，然而，追求自由的天性不變，只要有草原存在的一天，高卓文化依舊不墜。那豪邁不羈的性格，在阿根廷作家艾南德斯（José Hernández，1834-1886）的《高卓人馬丁・費羅》（*El Gaucho Martín Fierro*）裡，一覽無遺：

我乃平原之子，
生於斯長於斯的高卓人，
廣袤的世界對我而言仍然太小，
相信我，我的心能夠擁抱世界，
一路上，我不怕被蛇咬，
更不怕日晒！

今日，在南美洲草原的角落裡，高卓人努力維持傳統，以馬術、音樂、飲食及風味，勾勒孤寂身影，令高卓文化在阿根廷、烏拉圭等國的民族風情中占有一席之地。

畜牧業與亞馬遜雨林大火

巴西是今日全球牛肉出口第一名，然而，畜牧業蓬勃發展的背後卻是付出慘痛代價，就是巴西境內的亞馬遜雨林近來大火不斷。亦即，人類對牛肉的需求愈高，亞馬遜雨林發生大火的頻率就愈高；的確，美食當前，令人不禁將亞馬遜雨林大火一事暫時拋在腦後！

自中世紀盛期以降，牛肉就是歐洲餐桌上的要角，肉品不易保鮮，一般以食鹽或香料處理，歐洲人為了取得肉桂、丁香、肉豆蔻等香料，竟然造就了大航海時代，並無意中來到美洲。美洲雖有其原生種的野牛（búfalo/bisonte），但十分難以馴養，北美洲的印地安人從歐洲人那邊學會騎馬後，才開始於十八世紀大肆獵捕美洲野牛。今日美洲家牛的飼養歷史可追溯自一四九三年，哥倫布從西班牙引進一批家牛到多明尼加充當役獸，西班牙家牛於是從加勒比海地區繁衍至墨西哥，再到中美洲及南美洲。同樣，葡萄牙家牛也隨著拓殖者來到巴西。十九世紀，畜牧業者引進印度瘤牛等，改良了牛隻品種。

傳承自歐洲，畜牧業是拉美各國的重要經濟命脈之一，其中養牛業的經濟利益極高，占所有畜牧業的八成之多。不僅頗具地方民俗色彩的牛仔文化因應而生，醃牛肉片（cecina）、醃燻牛肉塊（tasajo）

▲ 圖為墨西哥醃牛肉片。畜牧業蓬勃發展後，不僅牛仔文化因應而生，各式牛肉料理也走入豪華餐廳的菜單內，滿足了饕客。

等也走入豪華餐廳的菜單內，另外，阿根廷風味獨特的碳烤（asado a la parrilla），或令人大快朵頤的巴西窯烤（rodízio）更是遠近馳名。

從墨西哥谷地到奧利諾科河流域的莽原、亞馬遜盆地，再到彭巴草原，許多原生物種因牧場過度開發而瀕臨絕種，家畜取而代之。烏拉圭、阿根廷、巴西等國，都是牲口大於人口。其中，烏拉圭的牛隻總數是全國總人口數的三點四四倍，居全球之冠；以數量來看，巴西牛隻總數逾兩億四千萬頭，是全國總人口數的一點零八倍。

墨西哥、阿根廷、烏拉圭、巴拉圭、巴西等拉美國家所生產的肉牛品質佳，在國際市場評價極高，深受饕客喜愛，除了牛隻品種優良外，其中關鍵在於氣候、土壤及放牧方式。人工冷藏法於一八七二年發明後，阿根廷曾因此成為世界上重要的牛肉供應地，巴西後來居上，躍升為今日全球牛肉出口第一名，主要銷往中國大陸、香港、埃及、俄羅斯、歐盟等地。以密度而言，位於亞馬遜盆地的牧場一望無際，每一公頃僅飼養零點六頭牛，放眼望去，只見翠綠草地，不見牛隻蹤影，惟有牛仔騎馬趕牛、或舉行競技時，才會看見壯觀的牛群。牛隻在遼闊草原上自由奔跑，身強體健，不易染上口蹄疫等疾病，肉質柔嫩卻不油膩。

巴西畜牧業蓬勃發展的背後卻是付出慘痛代價，境內的亞馬遜雨林近來大火不斷，二〇一九年上半年的火災次數比前一年同期多出一點四五倍，尤其二〇一九年八月分就發生了上萬起大火，大火以五分鐘燒掉五百公尺的速度不斷蔓延，至少有一百萬公頃的林地毀於大火，波及玻利維亞、祕魯、委內瑞拉等國，雨林內的特有物種面臨浩劫，令各界憂心不已，擔心世界之肺可能就此消失，影響全球氣候深鉅。

夏季高溫炎熱，在歐洲、非洲、北美洲等地，常因乾旱而發生森林大火。亞馬遜雨林在夏季雖不下雨，但雨林內濕度頗高，不易發生大火。其實，亞馬遜雨林大火多數是人禍，而非天災，其元兇是盜伐，以及不斷開發農、牧業；換言之，經濟利益是禍首。

雨林內生產許多貴重樹種，如桃花心木、巴西紫檀等，頗受歐洲人喜愛，以致盜伐猖獗。旱季是

▲ 圖為巴拉圭烤肉。亞馬遜雨林大火的元凶竟然是畜牧業，只要忌口牛肉，就可拯救雨林。

盜伐的旺季，盜伐者偷走樹幹後，隨地留下較沒價值的樹枝與樹葉，一旦發生火災，乾枯的枝葉成為助燃物。另外，畜牧業者與雨林爭地，開闢了規模動輒十萬公頃的牧場，而放火燒林是最快速的整地方式。根據世界銀行的調查，亞馬遜雨林所開發出的土地，有八成被用來做為牧場。由於牛隻數量十分龐大，因此，也需要開闢遼闊的農地來種植大豆，做為牲畜飼料。為了增加產量，業主大量噴灑氮肥與殺蟲劑，汙染環境。農、牧場業主富甲一方，政商關係良好，在政府的放任下，濫墾濫伐，頻頻引發雨林大火，導致雨林面臨消失的危機。

質言之，人類對牛肉的需求愈高，亞馬遜雨林發生大火的頻率就愈高。只要每人忌口牛肉一年，就可拯救三千四百三十二株樹木；然而，美食當前，不禁令人將亞馬遜雨林大火一事暫時拋在腦後！

▲ 傳承自歐洲，畜牧業是拉美各國的重要經濟命脈之一，圖為巴拉圭亞松森一個傳統市場，一頭牛被主人牽到市場待價而沽。

人文。
026

魔幻拉美II
平凡中的絢麗生命

國家圖書館出版品預行編目(CIP)資料

魔幻拉美．2，平凡中的絢麗生命／陳小雀著．--
初版．-- 臺北市：聯合文學，2020.09
280面；14.8x21公分．--（人文；26）

ISBN 978-986-323-355-8（平裝）

1. 區域研究 2. 現代史 3. 拉丁美洲

754 109013211

出版日期／2020年9月 初版
定 價／380元

ISBN 978-986-323-355-8（平裝）
本書如有缺頁、破損、裝幀錯誤，請寄回調換

作 者／陳小雀
發 行 人／張寶琴

總 編 輯／周昭翡
主 編／蕭仁豪
資 深 編 輯／尹蓓芳
編 輯／林劭璜
實 習 編 輯／王雨柊 莊貽茹
資 深 美 編／戴榮芝
業務部總經理／李文吉
行 銷 企 劃／蔡昀庭
發 行 專 員／簡聖峰
實 習 助 理／游乃衡 張睿宜
財 務 部／趙玉瑩 韋秀英
人 事 行 政 組／李懷瑩
版 權 管 理／蕭仁豪

法 律 顧 問／理律法律事務所 陳長文律師、蔣大中律師
出 版 者／聯合文學出版社股份有限公司
地 址／110臺北市基隆路一段178號10樓
電 話／(02) 2766-6759轉5107
傳 真／(02) 2756-7914
郵 撥 帳 號／17623526聯合文學出版社股份有限公司
登 記 證／行政院新聞局局版臺業字第6109號
網 址／http://unitas.udngroup.com.tw
E—mail：unitas@udngroup.com.tw
印 刷 廠／禾耕彩色印刷事業股份有限公司
總 經 銷／聯合發行股份有限公司
地 址／234新北市新店區寶橋路235巷6弄6號2樓
電 話／(02) 29178022